| 生活技能 023 |

開始在韓國
自助旅行

作　　者◎陳玉箴、鄭明佳
修訂協力◎陳怡均LANDY、李芳茹、張凱希
攝影協力◎徐雅青

太雅

「遊韓國鐵則」

☑ **來韓國一定要喝燒酒,吃烤肉**

理由:外國遊客票選第一名的韓國美食就是烤肉,吃烤肉配上燒酒,是道地的韓國吃法,當個道地的觀光客怎能不品嘗這經典組合的美味。

☑ **記得帶腸胃藥,因食物多冷盤且辣**

理由:韓國人習慣吃冷的食物,就連喝水也都喝冰水,不習慣吃生冷或辣食的人,一定要記得帶腸胃藥,或者避免點冷食,盡量選擇鍋類或湯類,以免腸胃不適。

☑ **吃烤肉,嘴巴一定要張很大**

理由:韓國烤肉是用生菜葉包住烤肉、泡菜等配料,甚至是白飯,一起食用,往往包起來一大顆,要張大嘴巴才能一口吞下。秀氣這檔子事,就暫時放下吧!

☑ **吃飯時,碗不能拿在手上**

理由:台灣吃飯是一定要捧著碗吃,但在韓國可不行,碗一定要放在桌子上,因為以前只有工人為了吃快一點好去工作,才會把碗拿起來吃,有象徵貧窮的意思。

☑ **喝湯不用公匙**

理由:韓國的鍋、湯類料理很多,但卻不習慣用公匙,都是人人拿著自己的湯匙,舀了湯就往嘴裡送,就連路邊攤小吃的沾醬也都只有一碗,大家一起共用,怕不衛生就盡量點個人份的料理。

☑ **別想找免洗碗筷**

理由:韓國人很環保,所有餐廳一律使用鐵筷、鐵湯匙,就連牙籤也是用可食用的山芋、綠豆粉、玉米粉做的(目的是防止豬吃廚餘被刺到),所以到韓國餐廳吃飯,別浪費力氣找免洗餐具。

☑ **夏天再熱也不撐傘**

理由:生處在溫帶的韓國人雖然很怕熱,但夏天不管太陽多大,無論如何都不會撐傘,因為只有阿舅媽(即歐巴桑)才會撐傘。不想被韓國人笑,還是不想變成小黑人,就自己看著辦吧!

☑ **去洗汗蒸幕一定要吃蛋和甜米露**

理由:除了感受一下韓國人對裸體有多自在之外,洗完汗蒸幕後一定要來顆用熱療室礦石烤熟的蛋,補充營養(韓國人認為蛋非常有營養,很多食物如拌飯上也都會加上一顆蛋),同時再來杯甜米露,補充流失的水分。

☑ **滿街都是哥哥和姊姊**

理由:韓國店員很愛稱呼顧客為哥哥或姊姊,就算看起來年紀比較大的女生,也可能會對著你叫姊姊,被叫老了總讓人有點不爽,請不要太在意,這是他們與顧客之間拉近距離、表示親近的方法。

一定要敬老尊賢

理由：韓國人很尊敬老人，搭公車、地鐵時，看到長輩、孕婦一定要讓座，更不能坐在博愛座上，以免發生像電影《我的野蠻女友》被教訓的劇情。喝酒時，長輩倒酒給你，一定要雙手接下酒杯，並且別過頭去把酒喝掉。

波霸一族在韓國別想買到內衣

理由：韓國人不流行波霸，個個是平胸公主，內衣尺寸從AA起跳，C罩杯以上就很難找了，就連外國進口品牌也一樣喔！

付錢不能放在桌上

理由：在韓國買東西，或是用餐付帳，千萬別把錢直接放在桌上，因為這個動作會讓韓國人覺得自己是在行乞，所以請把錢交到對方的手上，以免被人瞪。

紙鶴別亂送

理由：在台灣要替別人祈福或是許願，如祝病人早日康復，會送上紙鶴，但在韓國卻有駕鶴西歸的意思，尤其是紙鶴的翅膀千萬不能張開，可別把好意變成了詛咒。

全國統一的黑色塑膠袋

理由：不管是在哪裡買東西，便利超商、路邊攤、小吃攤、水果攤、雜貨店等，拿到的塑膠袋都是一個樣，全黑的塑膠袋，材質很薄，因為可以分解，很環保喲！

行家祕技　看懂韓國土地文化

■ **新舊地址寫法：**韓國地址目前有兩種寫法混用的狀況，這是因為編排系統其中一個是地番住址，一個是道路名住址，過往使用的是地番住址的寫法，此為日本殖民時期留下來的日式系統，以分配給每個地塊的土地編號作為住址。2014年雖全面更新為道路名地址，但仍有許多地方尚未更新完畢。

系統	道路名住址	原地番住址
城市名	首爾市	首爾特別市
區域名	鍾路區	鍾路區
行政區域名 (類似里)		瑞麟洞
路名	清溪川路	
號	1(左側為1、3、5 右側為2、4、6)	159-1(土地所有權者編號)

■ **村莊界線標及守護神：**長丞(장승)是每個村莊的界線標及守護神。兩根木頭分別代表一男一女，有的還會寫上「天下大將軍，地下女將軍」的漢字，作用就像台灣的土地公、土地婆。

■ **阻擋厄運的石塔：**石塔(석탑)會放在村子的入口，阻擋惡運災難入侵，從底端往上堆疊，越堆越小顆。當地有些人經過石塔時會拿一塊石頭堆上去，然後雙手合十許願。

臺灣太雅出版
編輯室提醒

出發前,請記得利用書上提供的通訊方式再一次確認

每一個城市都是有生命的,會隨著時間不斷成長,「改變」於是成為不可避免的常態,雖然本書的作者與編輯已經盡力,讓書中呈現最新的資訊,但是,仍請讀者利用作者提供的通訊方式,再次確認相關訊息。因應流行性傳染病疫情,商家可能歇業或調整營業時間,出發前請先行確認。

資訊不代表對服務品質的背書

本書作者所提供的飯店、餐廳、商店等等資訊,是作者個人經歷或採訪獲得的資訊,本書作者盡力介紹有特色與價值的旅遊資訊,但是過去有讀者因為店家或機構服務態度不佳,而產生對作者的誤解。敝社申明,「服務」是一種「人為」,作者無法為所有服務生或任何機構的職員背書他們的品行,甚或是費用與服務內容也會隨時間調動,所以,因時因地因人,可能會與作者的體會不同,這也是旅行的特質。

新版與舊版

太雅旅遊書中銷售穩定的書籍,會不斷修訂再版,修訂時,還區隔紙本與網路資訊的特性,在知識性、消費性、實用性、體驗性做不同比例的調整,太雅編輯部會不斷更新我們的策略,並在此園地說明。您也可以追蹤太雅 IG 跟上我們改變的腳步。

@ taiya.travel.club

票價震盪現象

越受歡迎的觀光城市,參觀門票和交通票券的價格,越容易調漲,特別 Covid-19 疫情後全球通膨影響,若出現跟書中的價格有落差,請以平常心接受。

謝謝眾多讀者的來信

過去太雅旅遊書,透過非常多讀者的來信,得知更多的資訊,甚至幫忙修訂,非常感謝大家的熱心與愛好旅遊的熱情。歡迎讀者將所知道的變動訊息,善用我們的「線上回函」或直接寄到 taiya@morningstar.com.tw,讓華文旅遊者在世界成為彼此的幫助。

開始在韓國自助旅行 全新第十版

作　　者　陳芷萍、鄭明在

總 編 輯　張芳玲
發想企劃　taiya旅遊研究室
編輯主任　張焙宜
修訂協力　陳怡均Landy、李芳茹、張凱希
攝影協力　徐雅青
主責編輯　張敏慧
特約主編　洪釧瑜
修訂主編　鄧鈺澐
封面設計　許志忠
美術設計　許志忠

國家圖書館出版品預行編目(CIP)資料

開始在韓國自助旅行／陳芷萍，鄭明在作.
——十版，——臺北市：太雅，2024.06
面；　公分 . ——（So easy；023）
ISBN　978-986-336-502-0（平裝）
1.自助旅行　2.韓國
732.9　　　　　　　　　　　　113002797

太雅出版社
TEL：(02)2368-7911　FAX：(02)2368-1531
E-mail：taiya@morningstar.com.tw
太雅網址：http://taiya.morningstar.com.tw
購書網址：http://www.morningstar.com.tw
讀者專線：(02)2367-2044、(02)2367-2047

出 版 者　太雅出版有限公司
　　　　　106020台北市辛亥路一段30號9樓
　　　　　行政院新聞局局版台業字第五○○四號

讀者服務專線：(02)2367-2044 / (04)2359-5819#230
讀者傳真專線：(02)2363-5741 / (04)2359-5493
讀者專用信箱：service@morningstar.com.tw
網路書店：http://www.morningstar.com.tw
郵政劃撥：15060393(知己圖書股份有限公司)

法律顧問　陳思成律師

印　　刷　上好印刷股份有限公司　TEL：(04)2315-0280
裝　　訂　大和精緻製訂股份有限公司　TEL：(04)2311-0221

十　　版　西元2024年06月01日
定　　價　390元

(本書如有破損或缺頁，退換書請寄至：
台中市西屯區工業30路1號　太雅出版倉儲部收)

ISBN　978-986-336-502-0
Published by TAIYA Publishing Co.,Ltd.
Printed in Taiwan

填線上回函
開始在韓國自助旅行
全新第十版

https://goo.gl/dcvigY

作者序

韓國人的熱情令我再三造訪！

旅行一定有動機，得先對這個國家感興趣才行。而韓國為何能讓我一而再，再而三地造訪？最主要還是它良善的人民和四季的風景。韓劇帶我走進韓國的大城小鄉，使我有機會接觸到生活在這塊土地上的人民。由於大部分的拍攝場景都在鄉下或偏遠地區，在一次次的尋訪途中，要不是有韓國人的熱心幫助，我恐怕無法完成每一次的探險。我也因而變得不再害怕一個人旅行，因為我知道一路上都會有人肯為一個陌生的旅人伸出援手，且不求回報。

希望這本書裡所提供食、衣、住、行的詳盡旅行資料，能夠幫助你開始在韓國自助旅行，去完成一部屬於自己的浪漫韓劇。最後要提醒你，選擇對的季節去對的地方很重要，這是在四季分明國家旅行的原則，如此才能看到最美的韓國。

陳芷萍

竭誠歡迎大家到韓國旅行！

離開家鄉來到台灣生活不知不覺已十多年了，身邊的好朋友都會問我同樣的問題：「韓國有什麼好玩的？」、「韓國哪裡好玩？」終於，能趁這個機會告訴大家，韓國是個很好玩的地方！

出國旅遊是每個人都喜歡的休閒方式，但許多人曾經抱怨跟團很累、趕時間、走馬看花……等，倒不如自行規畫。然而，若是語言不通，應該會傷透腦筋吧？看不懂、聽不懂、不會說話，這些都不用擔心，這本書裡為你解決語言上的大小問題，而且旅途中可能遇上的各種情況都已設想周全，相信能讓你擁有一趟最愉快、舒適、美好的韓國之行。書中韓文單字和會話部分都有附上羅馬拼音，所以，請你試著開口與韓國人溝通吧！這可能變成一種樂趣喔！

一書在手，讓你輕鬆愉快地逍遙遊！我誠懇地歡迎大家到韓國旅行！

鄭明在

作者簡介

陳芷萍

熱愛自助旅行、攝影，足跡遍及中、美、日、韓、義、法、英、泰、東歐、香港等國。

鄭明在

韓國首爾出生，國立臺灣師範大學美術系畢業。曾於台灣青商會、獅子會、尖端出版社、因思銳企業韓國媒體事業部從事翻譯工作。

修訂協力

陳怡均Landy

　　第一次來韓國旅遊就深深被這裡的文化所吸引，2016年出版《我最愛的怪咖韓國人！你是在演哪一齣？》後，因緣際會下來到了首爾工作。在生活步調非常快速的首爾生活，可以感受到此地流行文化與美食的魅力，總是不斷推陳出新，不會覺得膩。韓國四季分明，每個季節都有它的特色，加上不同城市也有不同的玩法，因此希望透過自己的圖文與影片，讓更多人認識韓國，並且享受韓國旅遊！

Instagram：landygokr
Facebook：www.facebook.com/landygokr
部落格：hilandy.com

修訂協力

張凱希

　　喜歡跟韓國有關的一切，包括戲劇、音樂到綜藝節目，以及食物、景點、城市風貌等等。透過「凱希・戀戀韓城」部落格與粉絲專頁分享在韓國旅遊見聞及生活點滴，著作有《首爾walking go》、《搭地鐵・遊首爾》(2010版)。

修訂協力

李芳茹

　　國立政治大學廣告學系畢業後，前往韓國弘益大學藝術經營研究所深造，畢業後於韓國某新創公司就職。長期居住於首爾，對韓國流行資訊有特別見解，持續把韓國在地最新資訊寫成部落格，也同時將韓國生活大小事記錄在Instagram。

Instagram：syrinxcat
Youtube頻道：SyriSyri
部落格：www.theeverythingpetite.com

攝影協力

徐雅靑

　　2014年秋天到首爾旅行後嫁居長住。喜歡拍照，自取英文名字InK.映刻(取自a travel in Korea的部落格標語，代表以攝影作墨來映刻韓國旅行的意義)。經營「韓瞬間」攝影服務，熟悉首爾各大古蹟，四季都有屬於自己的私藏景點。主要拍攝旅客韓服寫真、情侶自助婚紗、家庭紀錄，特別熱愛拍小孩。

Instagram：momentk_official

開始 *So Easy!* 自助旅行 8
在韓國

目 錄

12 認識韓國

38 機場篇

68 首爾交通篇

20 行前準備

52 交通篇

82 住宿篇

如何使用本書

本書是針對旅行韓國而設計的實用旅遊GUIDE。設身處地為讀者著想可能會面對的問題，將旅人會需要知道與注意的事情通盤整理。

韓國概況：帶你初步了解韓國外，還提醒你行前的各種準備功課，以及你需要準備的證件。

專治旅行疑難雜症：辦護照、機場入出境驟、機場到市區往返交通、當地交通移動方式、機器購票詳細圖解教學、選擇住宿、如何辦理退稅、如何緊急求助等等。

提供實用資訊：各大城市熱門景點、飲食推薦、購物區推薦、交通票券介紹，所有你在韓國旅行可能遇到的問題，全都預先設想周到，讓你能放寬心、自由自在地享受美好旅行。

▲

篇章
以顏色區分各大篇章，讓你知道現在閱讀哪一篇。

資訊這裡查 ▶
重要資訊的網址、地址、時間、價錢等，都整理在BOX內，方便查詢。

貼心小提醒
作者的玩樂提示、行程叮嚀、宛如貼身導遊。

▼

行家祕技
內行人才知道的小撇步、玩樂攻略。

▼

Step 出閘口，退

若你購買的是一次性出閘口後，記得到退保證金的回來。

A.將一次性車票卡片插入/B.取回W500保證金

Step by Step 圖文解說

入出境、交通搭乘、機器操作、機器購票，均有文字與圖片搭配，清楚說明流程。

機器、看板資訊圖解

購票機、交通站內看板資訊，以圖文詳加說明，使用介面一目了然。

美食點點名

韓國經典必嘗美食特輯，詳細介紹每道料理的特色和吃法，並提供韓文名，圖文對照，點餐更容易。

韓國特色主題之旅

囊括多種主題風格，包含春櫻秋杏熱門觀景點、韓服體驗推薦、親子樂園、汗蒸幕與高麗湯等。

焦點城市精華導覽 ▶

為你導覽韓國各大城市的市區及周邊景點、玩樂資訊。

資訊符號解說

http	官方網站
✉	地址
☎	電話
⏰	開放、營業時間
休	休息
$	費用
➡	交通方式
i	重要資訊
MAP	地圖位置
APP	APP軟體

認識韓國
About South Korea

韓國，是個什麼樣的國家？

韓國和台灣有什麼不一樣？

透過地理、氣候、人口、語言、風俗習慣，帶你快速掃描，

但要深入認識她，還是得靠你親自體驗，細細去品味。

韓國速覽

長形的國土有7成都是山地和丘陵。

地理 | 韓國=3個台灣

通稱「韓國」或「南韓」，正確國名爲「大韓民國」，西元1953年韓戰停戰後確定國土位置。北緯38度線以南的朝鮮半島，本島南北長約1,000公里，東西長約200多公里，東、西、南三面海域散布著3,000個大小島嶼，總面積100,210平方公里，相當於3個台灣大。

韓國屬東北亞，西北邊與中國東北接壤，隔著鴨綠江、圖們江咫尺相望，北方以北緯38度線共同警界區與北韓對立警戒，東邊與鄰國日本則隔著東海。韓國全境多山，7成爲山地和丘陵，以東北部江原道一帶地形最爲崎嶇，平原則在西南部的全羅南、北道一帶。有19座國家公園，其中2座爲海上國家公園。

北韓

板門店　京畿道　●春川　雪嶽山
仁川　★首爾　江原道
忠清北道　東海
忠清南道★世宗
慶尙北道
●慶州
全羅北道
慶尙南道
光州●　●釜山
全羅南道
南海
濟州道

韓國地圖
＊地圖繪製：許志忠

豆知識

雙首都：首爾、世宗

首爾(서울)舊名漢城，600年前朝鮮王室將首都定都漢陽(即現今的首爾)，當時中國即以漢陽稱呼，爾後才有漢城之名。但韓國早在100年前就已經不再使用漢城這個名字，改稱「Seoul」，西方各國也稱之爲「Seoul」，獨獨只有華語世界仍稱之「漢城」。

直至2005年正名爲「首爾」。爾後基於首都安全，於2012年7月2日宣布忠清南道的世宗市爲新行政首都，首爾爲經濟首都。

認識韓國

韓國小檔案 02

人口 | 首爾人口占1／5，超擁擠

韓國人口在2021年突破5,174萬人，以首都首爾人口密度最高，包含仁川、京畿道，總人數約2,300萬人。全境內為單一民族朝鮮族人，另有部分從中國東北移居過來的華人。

韓國小檔案 03

時差 | 比台灣快1小時

標準時間子午線是135度，比格林威治標準時間快9個小時，較台灣快1小時。

韓國時間	台灣時間
早上10:00 下午17:00 晚上22:00	早上09:00 下午16:00 晚上21:00

韓國小檔案 04

氣候 | 四季分明，冬季會下雪

韓國氣候四季分明，屬大陸性氣候，但因國土呈長方形，故南北氣溫差異大，以冬季為例，北部的首爾幾乎都在零度以下，但南邊的離島濟州卻很少有下雪的機會。

韓國小檔案 05

貨幣 | 匯率約1：40～42

1元新台幣大約可以換到40～42韓元，不過，韓幣波動大，出發前宜先向台灣銀行查詢。
http www.bot.com.tw/default.htm

▲ 50,000韓元，申師任堂(朝鮮時代的女書畫家，韓國女性典範)

▲ 10,000韓元，世宗大王(朝鮮王朝第四代皇帝)

▲ 5,000韓元，李珥(朝鮮時代著名的儒學兼理學家，申師任堂之子)

▲ 1,000韓元，李滉(朝鮮時代著名學者)

▲ 500韓元

▲ 100韓元

▲ 50韓元

▲ 10韓元

▲ 5韓元

▲ 1韓元

首爾氣溫、雨量參考表

季節	1月	2月	3月	4月	5月	6月	7月	8月	9月	10月	11月	12月
平均氣溫(℃)	-2.6	-0.3	5.2	12.1	17.4	21.9	24.9	25.4	20.6	14.4	6.9	0.2
平均低溫(℃)	-6.1	-4	1.1	7.3	12.6	17.8	21.8	22.1	16.7	9.8	2.9	-3.4
平均高溫(℃)	1	6	10	18	24	27	29	29	26	18	10	4
降雨量(mm)	21.7	25.8	45.9	77.1	102.4	133.1	327.6	348.1	137.4	49.1	53.1	24.6

韓國小檔案 06

語言 | 簡單漢字也能溝通

　　古時朝鮮半島是中國的藩屬，使用的文字就是漢字，一直到西元15世紀，朝鮮王朝的世宗大王依口腔形狀，創立現今的韓語文字。但韓文中仍有70%的音近似中文，仔細聽不難猜出一些單字。韓國人在國中時會教3,000個漢字，也都有漢字名字，因此大部分韓國人多少都看得懂簡單的中文字，用英文無法溝通時，筆談不失為另一個辦法。想要「行」得通，最好先把要去的地點分別用韓文、中文、英文一起寫下來，搭配地圖就OK了。

▲ 圖片中的「商會」是大陸用語，不是韓文，意思是商店

韓國小檔案 07

電壓 | 220伏特，2孔圓型插座

　　韓國的電壓為220伏特，2孔圓形插座。台灣五金行可買到轉接插座，如電器用品無法接受220伏特，就需另購變壓器。

豆知識

韓國字的寫法

　　寫法和中文字一樣，筆畫由左上方先寫，然後寫右上方，最後才寫下方，同樣是由左至右的順序。

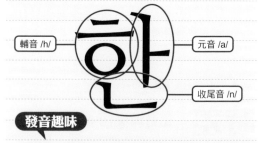

輔音 /h/ ── 한 ── 元音 /a/
收尾音 /n/

發音趣味

　　韓國人的英文程度和台灣差不多，但不會發「f」的音，會變成「p」，例如世界名牌「Fendi」到了韓國發音就變成了「Pendi」。

韓國小檔案 08

航程 | 要飛2個多小時

　　2～3小時，視出發地和目的地而有不同。台灣目前固定直飛航點為台北－首爾、台北－釜山、台北－濟州、高雄－首爾、高雄－釜山，其餘機場為不定期的包機航線。另外，首爾、釜山、濟州等韓國城市也可經由日本、中國、香港等地轉機進入。

航線	飛行時間
台北－首爾	2.5小時
台北－釜山	2小時10分鐘
台北－濟州	2小時5分鐘
高雄－首爾	2.5～3小時
高雄－釜山	2.5小時

認
識
韓
國

韓國小檔案 09

生活文化禮儀

入境要隨俗，可別因爲不懂對方的文化而失禮，或是鬧笑話。

日常互動

■ 握手或拿東西給別人，必須用單手握手、遞東西才是表達敬意。標準動作是右手伸出去握，左手臂呈90度彎曲，左手掌輕輕握住右前臂，身體前傾，眼睛不要直視對方，不要太用力或是上下搖晃。而從長輩的手中接或遞物品則需要用雙手。

■ 不要用手指人，顯得很不尊重，若要比對方，要用手刀式。

■ 不能用紅筆寫活人的名字。
■ 被訓斥或告誡時，不能直視對方眼睛，要低下頭表示虛心接受。

■ 與朋友相約吃飯，通常不會各付各的，不是你請，就是我請，這是韓國人表達友情的方式，不喜歡分得太清楚。

到韓國人家裡作客

■ 最好準備伴手禮，但不用太貴重。
■ 看見長輩，一定要先向長輩打招呼；如果坐著時長輩才出現，也要立刻起身點頭問好，不能視而不見。
■ 吃飯時要等長輩先開動才能動筷子。
■ 進入室內一定要脫鞋，最好穿襪子以示禮貌。

■ 大部分韓國人就算有沙發還是習慣席地而坐，男性要盤腿坐正，女性則是一隻腳盤著，另一隻腳要立起。這是早期韓國女性普遍穿著長裙或韓服，寬鬆的裙襬遮掩住腳，看起來不但不粗魯，反而很優雅，但在餐桌椅上則不可這麼坐。

進入室內一定要脫鞋子

公共澡堂

- 公共澡堂在韓國稱「桑拿浴(**사우나**)」(sauna)、「沐浴場(**목욕탕**)」,類似台灣的三溫暖,有澡池、烤箱、蒸氣設備。澡堂內男女分開,要脫光衣服才能進去。
- 韓國人有和家人、朋友上公共澡堂的習慣,到澡堂洗澡最重要的一件事,就是互相搓背、為身體皮膚定期大掃除,因此,搓背布、沐浴乳、洗髮精、換洗衣物、毛巾、乳液都是必備物品。搓背布(**때밀이수건**)是韓國特有的產品,種類花樣繁多,超商、南大門都有賣,甚至大型的溫泉浴場也有自動販賣機。

約會與交際

若有機會跟韓國朋友吃飯,應該許多人會苦惱結帳的問題。在韓國通常較少AA制,第一頓如果是甲付錢,乙就負責第二攤或咖啡,第三或第四人可以買甜點分送,或者約好改天請客。若飯局中有年紀較大或位高權重的人在場,多半會由他們先付帳,這有照顧晚輩或屬下的意義,因此別忘了表示自己將買杯咖啡請客,或表示下次換自己請客,禮尚往來會讓你的韓國交際更順利!

韓國印象 | 你也認識的韓國名人

相信大家透過韓劇與KPOP音樂,認識了不少韓國藝人,以下介紹韓國演藝圈的3大年度盛會,及近期活躍於各大獎項、大紅的韓國名人。

青龍電影獎

作為韓國電影界最具盛名的獎項之一,青龍電影獎已經成為影壇風華絕代的象徵,每年都匯聚著來自國際的注目焦點,為優秀的電影作品和傑出的電影從業人員頒發殊榮。

2023獲獎藝人

- 人氣明星獎:宋仲基、金宣虎、朴寶英、趙寅成
- 最佳男子新人獎:洪思彬《禍亂:地下秩序》
- 最佳女子新人獎:高旻示《神鬼海底撈》
- 最佳男配角:趙寅成《神鬼海底撈》
- 最佳女配角:全余贇《誑世巨作:蜘蛛窩新宇宙》
- 最佳男主角獎:李炳憲《水泥烏托邦:末日浩劫》
- 最佳女主角獎:鄭有美《鬼夢遊》

青龍電視劇大賞

談及韓國電視劇的巔峰盛事,不得不提韓國青龍電視劇大賞。這項年度盛事不僅表揚優秀演員和製作人,更是影視產業的亮點之一。青龍電視劇大賞以其嚴謹的評選標準成為業界引領者,每

年透過這場典禮，觀眾能見證優秀作品的誕生，
爲影視界帶來新的創意和能量！。

2023獲獎藝人

- 新人女演員：辛叡恩《第三人稱復仇》
- 新人男演員：朴志訓《弱美男英雄Class 1》
- 最佳男配角：李東輝《地下菁英》
- 最佳女配角：林智妍《黑暗榮耀》
- 人氣明星獎：車銀優《Island》
- 人氣明星獎：李光洙《堅持才能活下去》
- 人氣明星獎：金軟景《Korea No.1》
- 最佳綜藝人（女）：朱玄英《SNL KOREA3》
- 最佳綜藝人（男）：劉在錫《PLAYou》
- 最佳女主角：秀智《安娜》
- 最佳男主角：河正宇《毒梟聖徒》
- 大賞：宋慧喬

MMA甜瓜音樂獎

一年一度的韓國音樂頒獎典禮，由Melon音樂
平台主辦，旨在表彰音樂界取得卓越成就的藝人
和歌曲。這個頒獎典禮覆蓋多個音樂類型，包括
流行、搖滾、嘻哈等，通常由音樂專業人士和大
眾投票選出得獎者。

2023年度TOP 10藝人

- (G)I-DLE
- aespa
- IVE
- LE SSERAFIM
- NCT DREAM
- NewJeans
- BTS（防彈少年團）
- SEVENTEEN
- 林英雄
- JUNGKOOK（田柾國）

行前準備
Preparation

出發前，該做哪些準備？

第一次旅行韓國前，建議先參考一些網站、旅遊書籍，做好行程和住宿規畫，

並且查看氣候狀況，若遇有特殊慶典活動，不妨順道參與。

帶好旅行證件和行囊，以快樂的心情去迎接韓國吧！

蒐集旅遊資訊

行前做好完全的準備功課，將使旅行更加順暢無礙。

台灣旅遊資訊服務

■ 韓國觀光公社台北支社

準備行程前，可先到這裡索取免費的韓國旅遊資料，包括全韓國地圖，各廣域市和道廳的旅遊景點。韓國觀光公社台北支社(KOREA PLAZA)已於2019年底搬家，這裡有許多免費的韓文與文化體驗課程，還提供許多免費旅遊書與資料可以索取，也常舉辦旅遊相關的講座，邀請名人來演講，建議關注韓國觀光公社台北支社動態，以獲取更多最新韓國旅遊資訊。

http www.facebook.com/freeatkorea / @ ktotp@knto.or.kr / ✉ 台北市信義區基隆路1段333號國貿大樓3208室 / ☎ (02)2772-1330 / ⏰ 週一～五09:00～12:00、13:30～18:00 / 休 週末及國定假日

圖片提供／韓國觀光公社台北支社

韓國旅遊資訊服務

■ 韓國觀光公社首爾支社

為推動城鄉均衡發展，韓國觀光公社在2015年2月2日遷移至江原道原州市，原公社本部改為首爾支社，位於清溪川旁的韓國觀光公社首爾支社，已經重新開幕，並重新命名為「好客空間(HiKR GROUND)」，該空間為結合K-POP文化和媒體藝術的韓國旅遊宣傳館。

1樓的好客媒體牆(HiKR Wall)是一個大型媒體藝術空間，展示各種作品，包括媒體藝術家李二男的《新都市山水圖》和全球韓流粉絲徵集的韓國旅遊影片。2樓設有XR直播工作室，可現場製作K-POP MV。窗邊面對清溪川，還能欣賞裝置藝術家徐道獲的《North Wall》作品。3、4樓透過各種藝術、體驗和展示，深化對前往韓國各地旅遊的了解。4樓有醫療觀光諮詢中心，旅遊諮詢中心則位於5樓。

✉ 首爾中區清溪川路40 / ☎ 02-729-9497～9(中、英、日) / ⏰ 1、5樓：每日09:00～20:00；2～4樓：週二～日10:00～19:00 / ➡ 首爾地鐵1號線鐘閣站5號出口；2號線乙支路入口站2號出口，永豐文庫(Youngpoong Book Store)的對面

韓國觀光公社旅遊諮詢中心

韓國觀光公社於全韓國設有6處旅遊諮詢中心和2處醫療觀光諮詢服務中心，提供可方便獲取的旅遊資訊。分布在不同地區，除了位於首爾市區好客空間(HiKR)之外，在仁川國際機場、濟州國際機場、濟州中文觀光園區、釜山市區也都有設點。

濟州國際機場綜合旅遊諮詢中心
✉ 濟州國際機場國際線1樓5號門前
☎ +82-64-742-0032(韓、英、日、中)
🕐 09:00～18:00

濟州中文觀光園區旅遊諮詢處
✉ 濟州特別自治道西歸浦市中文觀光路38(園區入口前1樓)
☎ +82-64-739-1330(韓、英、日)
🕐 09:00～18:00

仁川國際機場第1航廈旅遊諮詢處(東側)
✉ 仁川國際機場第1航廈1樓5號出口前
☎ +82-32-743-2600、2601(韓、英、日、中)
🕐 07:00～22:00

仁川國際機場第1航廈旅遊諮詢處(西側)
✉ 仁川國際機場第1航廈1樓10號出口前
☎ +82-32-743-2602、2603(韓、英、日、中)
🕐 07:00～22:00

仁川國際機場第2航廈旅遊諮詢處
✉ 仁川國際機場第2航廈3號出口對面
☎ +82-32-743-2606(韓、英、日、中)
🕐 07:00～22:00

仁川國際機場醫療觀光諮詢中心
✉ 仁川國際機場第1航廈1樓7號出口旁
☎ +82-32-743-2172(韓、英、日、中、俄)
🕐 09:00～21:00

釜山醫療觀光諮詢中心
✉ 釜山廣域市釜山鎮區伽倻大路787
☎ +82-51-818-1330(韓、英、日、中)
🕐 09:00～18:00

※資料時有異動，請以官方公布的最新資料為主

旅遊熱線

韓國旅遊諮詢電話1330的服務內容相當多元，包含韓國各地旅遊資訊、觀光翻譯，以及旅客在旅途中遇到的疑難雜症協助。例如，透過擁有觀光翻譯諮詢師執照的專業人員，協助提供觀光景點、住宿、購物、交通、慶典活動等資訊內容，也有提供包含中文、英文與日文的觀光翻譯協助。最重要的是，當旅客在韓國境內出

現出入境問題、安全事故或旅遊上的不便狀況需申訴時，皆可透過1330協助轉介1345法務部、119消防等。

■一般手機／電話撥打：於韓國境內直接撥打1330，以市內電話費用計費。

■SKYPE撥打：提前下載SKYPE安裝後註冊會員，即可撥打免費網路電話。

各地觀光案內站(관광 안내소)

韓國在各大城市都設有觀光案內所(寫有中文字可辨識)，通常在火車站、高速巴士總站、著名觀光景點附近一定會有，服務人員至少會講英文，講中文的也不少。在觀光案內所可以索取中文的免費地圖、旅遊資訊，通通都可以帶走。

每到一個陌生城市，記得先去觀光案內所拿資料和地圖，若已有遊覽計畫，可與服務人員沙盤推演，或請他們規畫出最順的路程，告訴你交通工具、搭車地點和車行時間，專業到連坐計程車要花多少錢都估算得出來。

實用網站

韓國大部分城市的官網都有提供中、日、英語的服務，舉凡城市歷史、交通、住宿、觀光景點、餐廳、名產、慶典等資訊，都有詳細介紹。

首爾市政府網站

有非常清楚的首爾市電子地圖，可搜尋旅館、地鐵站、巴士站、名勝古蹟、餐廳、速食餐廳、醫院等精確位置，事前規畫路線超好用，是了解首爾的歷史、文化、生活與經濟的入口網站。

http tchinese.seoul.go.kr

首爾市觀光局

提供最新的生活情報、文化活動、觀光資訊，有完整的地鐵站圖、各區旅遊圖可供查詢，不定期介紹韓國的文化起源，讓外國人對韓國有更深入的認識。

http tchinese.visitseoul.net

韓國觀光公社

提供匯率、天氣、預訂旅館、線上地圖、觀光景點、美食、文化、祭典等資訊，甚至還有韓語教學，相當好用。網頁內容經常更新，可同步獲得韓國的流行資訊和藝人消息。

http big5chinese.visitkorea.or.kr/svc/main/index.do

韓國即時資訊粉絲專頁

玩轉韓國
http www.facebook.com/allKOREA

韓國觀光公社 台北支社
http www.facebook.com/freeatkorea

【一起玩韓國】韓國旅遊自由行即時交流社團
http www.facebook.com/groups/landy104

＊資料時有異動，請以官方公布的最新資料為主

實用APP

韓國旅遊Pass(SeoulPASS)
iOS Android 繁中
簡易預約韓國境內多樣化的旅遊產品，無論是交通票券或入場門票都有，特別是有許多在地體驗活動可即時預約，不僅首爾，還有韓國其他地區的旅遊商品可用優惠價購買，相當方便。

韓巢韓國地鐵
iOS Android 簡中
提供首爾、釜山、大邱、大田與光州五大城市地鐵路線圖，操作方便，點選出發地與目的地，即可自動規畫最快路線，並顯示所需時間、途經站數、轉乘次數與交通費，相當實用。

Naver Map
iOS Android 簡中、韓、英、日
方便遊客在旅遊韓國途中使用，而且不需註冊帳號，下載後即可開啟使用。

SHINSEGAE Duty-Free
(韓際新世界免稅店)
iOS Android 繁中
若想免稅購物又怕時間不夠，可以在APP中先訂購，登機前領取，非常方便，記得可以下載優惠券以及參加活動，優惠非常多。

Google Translate
iOS Android 繁中
支援133種語言，可用掃描、語音、手寫的方式。問路就用中翻韓，點菜看不懂菜單，就用掃描的，雖然翻的不是百分之百準確，但也算好用。

요기요（YOGIYO）
iOS Android 韓
想學《來自星星的你》女主角千頌伊叫外送炸雞嗎？使用外送App必須先有韓國手機號碼，以及略懂韓文。漢江公園、盤浦大橋畔也都能送到喔，貨到的時可付現金或刷卡。

기상청 날씨알리미（氣象廳）

`iOS` `Android` `韓`

韓國氣象廳官方APP，相當精準，3小時一個單位，賞櫻、追楓、搭船、前往山區時，隨時掌握天候。不懂韓文可上氣象廳官網。

따릉이（首爾租借腳踏車）

`iOS` `Android` `英`

首爾政府設立的便民措施，也提供外國人使用，停靠地點及可租借、可歸還空位等資訊，在APP中皆有提供，1小時使用金額1,000韓元。

 進入設定頁面

 進入語言設定

A.進入語言設定

共有4種介面語言可選，請注意：即便使用中文介面，依然可用搜尋準確度較高的英文與韓文進行搜尋

Naver Map APP使用步驟 Step by Step

Step 1 下載APP

下載後可自行選擇欲使用的介面語言，搜尋時可以同時使用4種語言。

A.其他功能，例如：語言設定、首爾地鐵圖等 / B.直接搜尋地點 / C.出發地、目的地路線規畫 / D.切換地圖顯示模式 / E.查看周邊地點分類，可儲存喜愛分類 / F.查看即時街景 / G.點1下顯示所在位置，點2下顯示前進方向

Step 2 輸入出發／目的地

輸入時可使用衛星定位，或直接點地圖，也可複製貼上地點資訊，並選擇欲使用的交通方式。一般來說，選擇「所需時間最少」或是「步行距離最少」較為實用。

A.輸入出發地 / B.輸入目的地 / C.位置對調 / D.選擇出發時間 / E.路線規畫與所需時間預估 / F.交通費用

Step ③ 確認交通路線

選定交通方式後，可查看地圖路線與文字路線。

A.查看地圖路線
B.查看文字路線

Step ④ 確認來車時間

查看文字路線時，可同時確認下一班來車時間。

A.出發地點
B.上車地點、公車站號
C.即時確認來車時間
D.下車地點
E.步行距離與時間
F.行經站數
G.使用工具與時間

Step ⑤ 確認步行方向

在出發或下車位置，用手指撥開地圖放大，可確認步行方向。請注意：搜尋地點時，使用韓文與英文的搜尋成功率較高。

A.滑開地圖確認上下車前後的步行方向

貼心 小提醒

NAVER APP實用小技巧

☐ APP提供簡體中文頁面，若是習慣輸入中文，只要輸入簡體中文，就可以快速搜尋目的地與交通方式。

☐ 由於是簡中翻譯，可能會與平常習慣稱呼的名稱不同，例如最常使用的「弘大入口站」，在簡體中文搜尋頁面中，需要輸入「弘益大學站」。

☐ 頁面中有一個快速下車標示，後方緊接數字，該數字為換乘或者下車後離出口最近的車廂號碼，等車時不妨前往該車廂，可以縮短移動時間。

☐ 點開時間表可以看到列車的到站時間，查詢末班車時特別好用，可惜該頁面目前只有韓文版本，可透過標有藍色「막」的文字判斷該列車為末班車到站時間。

擬定旅行計畫

韓國四季分明，春、秋兩季最適合自助旅行。

決定旅遊方式

全程自助行

如果你是勤勞做功課的旅行者，願意以時間來換取更便宜的旅行費用，或者想去旅行的地方不只是首爾，那麼可以考慮全程自助行。早點買比較容易買到便宜機票。把想要去的地方、城市先列出來，比對地圖找出相關位置，再查詢交通工具、住宿，能先在網路上訂位訂票的就先訂（鐵路、高鐵越早訂折扣越大）。將規畫的行程列出來，並且記得預留一些彈性，以便臨時有狀況可以應變。

機＋酒自由行

如果你懶得去找便宜機票和住宿，選擇航空公司推出的「機＋酒」自由行，可節省不少時間。通常機＋酒的套裝行程搭配的飯店至少都有三星級以上，因此，價位也會略高一些。

決定旅行時間

韓國秋、冬兩季可以賞楓、滑雪，是旅行團出團的旺季，旅費會比較貴，另外，1月～農曆過年間、暑假期間的機票也比較貴。實際上，春、秋兩季才是比較適合自助旅行的季節，不但氣候宜人，而且春天櫻花開，秋天有楓紅、杏黃等景色，非常美麗。冬季雖然有台灣難得一見的白雪，但氣候過於嚴寒，會讓人冷得不想出門，而且許多戶外活動、遊樂場、市集等，不是暫停就是早早打烊，除非目的是要滑雪，否則並不建議。韓國當地有幾個旅遊旺季也需要留意，建議盡量避開。

農曆春節、中秋節

由於返鄉祭祖的習俗，大部分的店家在此期間都會關門不營業至少1～2天，尤其首爾將會變得空蕩蕩，不適合旅遊。且因大家都回到家鄉，造成外地旅遊景點大塞車，住宿也會漲價。

8月黃金假期

8月是唯一適合玩水的月分，耐不了熱的韓國人，都會到海邊或山上避暑，尤其海邊人潮超級多，擁有美麗海岸的濟州島更是旺得不得了，一定要有人擠人的心理準備。若在此時前往韓國，務必先搞定住宿再出發。

冬天滑雪No. 1

滑雪是韓國人冬季的全民運動，幾乎全家大小都會到滑雪場度假，假日時滑雪場內的度假村、

青年旅館、公寓式飯店經常客滿，一房難求。若想要住在滑雪場度假村就要避開假日，且最好提前預訂；若是只滑雪，可以住在滑雪場鄰近的小鎮民宿或小旅館，再搭車前往，比較省錢。

路上觀察 情人節送棒棒巧克力，愛你一生一世！

除了2月14日西洋情人節外，韓國人也有自己的情人節，在11月11日，象徵感情一生一世。不同於西洋情人節送巧克力，這天韓國情侶們是送巧克力棒，因為巧克力棒擺起來就是1111。據說一開始是樂天公司為推銷巧克力棒產品PEPERO而搞出來的噱頭，所以被稱為「PEPERO DAY」。後來連麵包店、百貨公司、超商等也都加入，推出各式各樣的巧克力棒，有的大到像蠟燭，有的店家還會將巧克力棒包裝成心型，久而久之下來，就變成了習俗。有機會在這個日子來到韓國，不妨也來過個韓國情人節。

掌握假日節慶

韓國文化深受中國影響，許多國定假日和節日沿襲中國時令，例如農曆春節、端午節、中秋節、七夕情人節、中元節、九九重陽節、冬至等，其中春節、中秋節是韓國人最為重要的兩大節日。地方上則有不少依據季節、人文風俗、產業特色發展出來的節日慶典，旅行時若有機會參與，更能深入當地文化和生活。

韓國國定假日

元旦(新正)
1月1日

新年的第一天，東海岸城市幾乎都有迎日出活動。

春節
農曆正月初一

韓國人過年和台灣人一樣，過的是農曆年，為韓國最重要的節日，前後各休1天共3天，外地工作的遊子都會返家團圓。早上會吃白年糕湯，祈求全家平安。

三一獨立紀念日
3月1日

慶祝西元1919年3月1日大規模反抗日本統治的獨立運動紀念日。

兒童節
5月5日

由「男孩節」演變而來，父母會在這天送禮物或帶小孩到遊樂園玩。

浴佛節(釋迦誕辰日)

農曆4月8日

慶祝佛祖誕生,信徒習慣會到寺廟裡發心糊蓮花燈。首爾曹溪寺和鍾路一帶會舉行燃燈慶典(夜祭),有各式表演和花燈製作等免費體驗活動。

顯忠日

6月6日

顯忠一詞是取自韓國民族英雄李舜臣祠堂之名。亦為戰爭紀念日,全國各地都會在這天舉辦活動,追思哀悼為國捐軀的烈士。

光復節

8月15日

1945年8月15日韓國脫離日本殖民統治,韓國人會在家門口掛上國旗慶祝。

中秋節(秋夕)

農曆8月15日

為韓國重大節日,前後各休1天,共3天。遊子會返家團圓,一早先祭祖,再到祖先墳前掃墓。夜上賞月,吃松餅,玩遊戲。

開天節

10月3日

紀念神話中的檀加,於二千多年前建立了第一個朝鮮族國家。

韓文日

10月9日

為紀念世宗大王創造韓文而放的節日。

聖誕節

12月25日

韓國約有1/3人口是基督徒或天主教徒,全家大小一起上教堂,街上燈飾燦爛,浪漫氣氛不輸歐美。

韓國節慶祭典

太白山雪花節

1月中~1月底

有雪雕公園、雪花隧道、雪上船艇、做雪人、雪地極速賽車等活動。

麟蹄冰魚節

1月底~2月初

冬季慶典之一,體驗在結冰的人工湖上鑿冰垂釣冰魚的樂趣,另有冰上保齡球、冰上溜滑梯等體育活動,刺激過癮。

耽羅國立春豐年祭

立春後一天

耽羅國為古時建立在濟州島的小國。傳統的巫術祈願儀式流傳至今,民眾身著傳統服飾,敲鑼打鼓進行請神儀式,祈求新的一年農事豐收。

正月十五野火節

農曆1月15日

為期3天,以濟州神話故事為背景,祈求豐年太平。有煙火秀、火把大遊行、燃燒生松枝堆、馬的求愛活動等。

珍島摩西奇蹟

3月底～4月初

因潮汐因素，海面退潮後出現長2.8公里的海路，吸引不少旅客來走，被譽為現代版摩西奇蹟。有洗金跳神、田歌、答詩等當地民俗藝術活動。

鎮海軍港節

3月底～4月初

1952年為追思民族英雄李舜臣而舉行的祭典，由於正好是櫻花盛開的季節，因此又有櫻花祭之稱。賞櫻的同時，還能一窺軍港、登上軍艦，探索韓國的海軍歷史。

咸平蝴蝶節

4月下旬～5月上旬

重回農村蝴蝶飛舞的時代，賞蝶外，有驅趕家畜、抓泥鰍、製作麥笛等鄉野體驗，還有詩樂音樂會等文藝活動。

江陵端午祭

農曆4月5日～5月7日

沿襲中國的端午節，登錄聯合國世界文化遺產，韓國規模最大的傳統祭典，以米酒祭拜山神——新羅時代的金庾信將軍，有盪鞦韆、無言假面劇、農樂等活動。

茂朱螢火蟲節

6月中旬

韓國代表性的環境節慶，晚間由導遊帶領進到森林勘查螢火蟲蹤跡，另有野生花園、抓鱒魚、竹筏體驗等。

保寧美容泥漿節

7月中旬

泥漿取自當地海水浴場，號稱含有貝殼粉，經加工製成頂級泥漿粉末，對美容有極佳效果。有泥漿摔角大賽、泥漿湯、泥漿監獄、泥漿香皂製作等70多種活動，為夏季最熱門的慶典之一。

康津青瓷文化節

8月中旬

青瓷是高麗時代極具代表性的文物，透過製作青瓷、破片鑲嵌、農村生活等體驗，重溫高麗時代的風情。

錦山人蔘節

8月底～9月初

韓國人蔘全球知名，錦山是南韓最重要的人蔘栽培地。有人蔘採收、人蔘藥草料品嘗、人蔘足湯、韓方診療等活動，讓遊客體驗人蔘的神奇療效。

首爾世界煙火節

9月底～10月上旬

每年秋天在漢江市民公園舉行，煙火設計團隊包含韓國與外國人士。施放煙火前有名藝人表演，施放時會結合燈光照明、雷射秀呈現煙火藝術。

首爾街頭藝術節

10月上旬

在首爾廣場、清溪川廣場、光化門廣場、首爾站、世宗大路等市中心，遊客可免費欣賞韓國傳統與藝術結合的特色街頭公演。

百濟文化節

10月上旬

源起於1955年的「百濟大祭」，主旨在安慰百濟亡國冤魂，後由祭儀轉為文化慶典，活動中重建百濟村莊，遊客可從中體驗當時百濟人的食衣住行、騎馬、射箭、製陶等，還有馬術表演、古裝遊行等。

光州泡菜文化節

10月下旬

為推廣千年歷史風味的韓國泡菜而舉行的慶典，除了可吃到各式各樣的泡菜外，還能親手醃製泡菜、參觀泡菜博物館。

釜山世界煙火節

10月下旬

每年在廣安里海水浴場舉行，以釜山廣安大橋為背景，配合主題及音樂施放華麗雷射燈光煙火秀。最佳觀賞處為正對大橋的廣安里沙灘及荒嶺山。

平昌鱒魚慶典

12月中～1月底

在結冰的河面上體驗冰釣鱒魚、假餌垂釣、打雪地陀螺、雪撬體驗等。

行家祕技　韓國人一日生活時間

08:00 ～ 09:00　避開上班尖峰期

上班高峰時間內，首爾的地鐵、公車上擠滿大量通勤族，車廂內幾乎動彈不得，安排行程時最好避開。韓國人習慣在家裡吃早餐，所以街上的早餐店不多，最常見的是賣三明治、壽司的路邊攤，一份約₩1,500；或是帳篷小攤子，賣黑輪、煎餃、熱狗等，約₩3,000就能解決一頓早餐。另外還有美式速食店、甜甜圈專賣店等。近年來首爾市區的早餐店逐漸增多，約07:30開始營業，主要以西式三明治為主，不過菜單清一色是韓文，得要指著圖片點餐。

12:00 ～ 13:00　午餐時間人潮多

多數上班族會到辦公大樓附近的小吃店解決午餐，或叫外送，因此韓國餐廳和小吃店中午的人潮通常絡繹不絕。雖然部分店家約14:00過後會休息，晚上才又營業，不過路邊的小餐廳多數下午還會繼續營業，所以過了午餐時間想找東西吃也沒問題。韓國人有喝下午茶的習慣，街上咖啡店、麵包店林立，還有不少路邊攤，隨時都能找到東西吃。

18:00　逛街小酌，越晚越熱鬧

下班時間的交通尖峰期，最好避免搭公車。晚餐時間是19:00～21:00，此時路邊的帳篷攤子也開始做起生意。不少韓國人在家吃完晚飯後，還會約三五好友到帳篷攤子續攤，喝點小酒聊聊天。商店一般營業至22:00，越晚會越熱鬧，東大門到清晨05:00～06:00才關門，這時想吃宵夜也有，路邊攤開到凌晨03:00～04:00才會收。

準備旅行證件

持台灣護照不需要簽證即可前往韓國短期觀光旅遊。

申辦護照

可親自或請旅行社至外交部領事事務局辦理，費用1,300元，未滿14歲孩童為900元，需4個工作天。已有護照者，也要檢查護照有效期限，必須在出國時間往後推6個月仍未到期才行。

護照這裡辦

外交部領事事務局
🌐 www.boca.gov.tw
✉ 台北市中正區濟南路1段2-2號3～5樓
☎ (02)2343-2888

中部辦事處
✉ 台中市南屯區黎明路2段503號1樓
☎ (04)2251-0799

雲嘉南辦事處
✉ 嘉義市東區吳鳳北路184號2樓之1
☎ (05)225-1567

南部辦事處
✉ 高雄市苓雅區政南街6號3～4樓
☎ (07)211-6600

東部辦事處
✉ 花蓮市中山路371號6樓
☎ (03)833-1041

🕐 週一～五08:30～17:00，週六08:45～12:00
(週六下午、週日、國定假日不營業)

＊資料時有異動，請以官方公布的最新資料為主

申辦簽證

短期

持中華民國護照免簽證，可在南韓停留90天。

長期

若欲在韓停留90天以上，根據滯留目的不同，須按留學、求職、工作、出差等不同項目申請相關簽證。常見的簽證類型有：
■**留學(D2)**：在韓國學校學習的學生
■**求職(D10)**：在韓國畢業後準備就業者
■**工作(E7)**：已被韓國公司錄取後的員工
■**居住(F2)**：符合韓國出入境管理局公告之對象
■**結婚移民(F6)**：配偶為韓國人之對象
■**永駐(F5)**：符合韓國出入境管理局公告之對象

貼心 小提醒

申請前需再次查詢確認

簽證申請的資料與條件時刻都在變動，建議申請前至Hikorea網站查詢，韓國境內可直接撥打1345諮詢。持長期居留簽證之所有對象，都需要在入境韓國90天內前往出入境管理局報到並完成外國人註冊手續。
🌐 www.hikorea.go.kr/Main.pt

在民間換錢所可以換到更好的價格，記得貨比三家。

韓幣匯率

　　韓國的錢叫做「원」（唸法：won，₩），較台幣小，1元新台幣約可換40～42韓元上下（匯率隨時會波動，依各家銀行匯率為準）。

韓幣兌換

- 建議可根據匯率，適當攜帶韓幣、美金、台幣這3種幣別的鈔票。在韓國可透過一般民間換錢所或WOW EXCHANGE機台換錢。
- 韓國使用的是「兩替」（兌換）兩個字，機場入境處有銀行兌換處，可以台幣兌換韓幣。進了首爾市區或其他城市，所有銀行皆開放外幣兌換，換匯前可至各家銀行官網查詢當日匯率。

- 首爾弘大、首爾站、明洞、梨泰院與其他大城市的市中心多半都會有民間換錢所，可以換到比銀行還好的價格。記得除了貨比三家之外，也要留意是否夾帶假鈔，並且當面再一次清點清楚，以免被騙。
- 現金不夠時可以使用有Plus標誌的ATM提領現金，每提一次須付一筆手續費。需先在台灣向所屬銀行把提款卡改為國際金融卡，才可在有Plus標誌的ATM提領；或者使用信用卡預借現金提款。
- 旅行支票可在韓國外換銀行兌換成韓元。在有該支票業務的銀行或兌對處可兌換現金（先向台灣購買的旅行支票銀行確認）。旅行支票兌換時須在職員面前簽名，且不得轉讓別人。
- 兌換處資訊：銀行營業時間09:00～16:00（週六、日休息），兩替所營業時間09:00～21:50（大使館為例）。

▲ 機場兩替所

▲ 民間換錢所

行李打包

查詢氣象預報是非常關鍵的事前功課。

看天氣打包

韓國四季氣候分明,出發前請到韓國氣象局官網查看,以便打包衣物,或依據天候狀況調整預定的行程。春、秋兩季,韓國氣象局會有櫻花和紅葉特報。

韓國天氣乾燥,尤其冬季更是如此,加上室內開暖氣,皮膚水分很容易流失,保濕乳液、面霜、護唇膏一定要帶(或在當地購買),如果指甲邊緣常裂開的人,護手霜或凡士林是必備品,否則很容易乾裂到流血,同時要做好禦寒準備。

韓國氣象局
http www.weather.go.kr/w/index.do

▲ 冬季禦寒衣物大集合,暖暖包也是不可或缺的必備品

打包行李別超重

航空公司託運行李有重量限制,飛亞洲頭等艙不限件數,以40公斤為限,商務艙限重30公斤/人,經濟艙20～23公斤/1人(各航空規定有所不同),超重可是會被額外收費,若有朋友同行,可把行李加起來一起平均。若返國時實在買太多東西,不妨考慮以郵寄貨運方式送回台灣。

隨身行李只能帶一件,尺寸也有規定,各航空公司不同,通常允許的規格為23×36×56公分(各航空規定有所不同),長寬高總和不得超過115公分,重量限制7～10公斤。因為要帶上飛機,指甲刀、刮鬍刀等刀類、打火機、棍棒類等物品都要放在託運行李中,另外,女性常用的化妝水、造型膠、卸妝油、凝膠、噴霧類物品,都必須裝在100毫升的容器裡,並且放在20×20cm的透明塑膠袋裡密封,單獨拿給安檢人員檢查,若被查到違規物品,一律丟棄,礦泉水和飲料也不能帶上機。

手機、相機的鋰電池和行動電源必須隨身攜帶,備用電池用塑膠袋裝好或在電極上貼絕緣膠帶,最多不能超過2個。

另外,從韓國返台時,若有購買泡菜、柚子茶醬、韓國辣椒醬等食品都必須託運(入關後在免稅商店購買者不在此限)。

氣候與穿著參考表

季節	春季／3月中旬～5月	夏季／6月～9月	秋季／9月～11月	冬季／12月～3月中旬
氣候概況	平均氣溫攝氏5～20度，對台灣人而言略顯寒冷，而且日夜溫差大，陰晴驟變。	平均氣溫大多在攝氏20～30度，濟州甚至可能突破30度。	平均氣溫攝氏10～25度，10月氣溫約15度上下，11月更在10度以下。山林樹木變色，為最美的季節。	平均溫度攝氏5～-5度，寒流來襲時甚至會出現零下10度，濕度高時通常會下雪。
穿著建議	3月外套加毛衣，4、5月則是外套加薄長袖，方便穿脫。	衣著以短袖為主。7、8月為雨季，一定要帶傘具，8月天氣酷熱，要做好防曬。	9月薄長袖加外套，10、11月毛衣加外套，11月時已有寒流報到，要隨時留意氣象預報，做好保暖。	宜採三層洋蔥式穿法，內為保暖性佳的衛生衣褲，中層穿毛衣，最外層穿羽絨衣或雪衣，方便進入室內穿脫；能遮住耳朵的帽子(毛帽不宜，強風易貫穿)、手套、口罩、防滑防濕的雪靴也有助保暖。

行李檢查表

√	物品	說明
隨身行李：證件、現金、信用卡、手機等貴重物品		
	護照、簽證	有效期限至少6個月以上，並影印或拍照備份。瑞士免簽證。
	機票、住宿資訊	列印訂票、訂房資料。
	旅遊保險單	仔細閱讀保單內容，業謹記埋賠所需文件。
	信用卡、提款卡	若是計畫在國外提款機取款，要先向銀行確認密碼及卡片功能。
	證件大頭照	準備好2～3張大頭照，以利在國外需補辦證件之用。
	手機	通訊及上網都很方便，拍照記錄旅行中的點點滴滴。
	行動電源	可選擇性攜帶。
	現金、零錢包	韓幣、美金。
	筆／旅遊書	方便填寫資料或是記下旅遊資訊。
	筆電、網卡	星級旅館大多需額外付上網費用，大多數的民宿提供免費無線上網。
	處方簽藥品	連同處方證明隨身攜帶，避免行李延遲或遺失。

√	物品	說明
託運行李：100毫升以上液膏膠狀物，不能隨身帶		
	衣服	＊以輕鬆舒適的服裝為主，冬天要帶足保暖衣服。 ＊觀賞正式表演或上高級餐廳用餐時，均需穿著止式服裝。
	盥洗用品	韓國飯店不附牙刷，要記得帶。若住平價小旅館，所有盥洗、沐浴用品最好自己帶，飯店則可不用。至於毛巾，旅館會供應。
	衛生用品	自行攜帶或當地超市、藥妝店購買。
	化妝品、保養品	視個人需求。冬季最好要帶臉部乳液、護唇膏。
	防曬裝備	準備防曬乳液、太陽眼鏡及帽子等防曬用品。
	雨具	準備折疊式小雨傘以防萬一。
	水壺、餐具	隨身帶水壺出門可以省下不少飲料的費用。
	萬用插頭變壓器	充電器要準備妥當，並要確定轉接頭或是萬用插頭，通常飛機上有販售。韓國為兩孔圓形插頭。
	常備藥品	視個人需求。一般腸胃藥、止痛藥，在韓國藥局可購買得到。

行程規畫

沒有時間安排行程嗎？仰賴作者的範例也可以玩得很盡興！

首爾單日行程範例

行程 ① 傳統宮殿與藝術體驗之旅

早 景福宮站　景福宮：租借西花韓服後前往景福宮遊覽，吃土俗村蔘雞湯

午 安國站　三清洞、北村、仁寺洞逛街，品嘗傳統茶

晚 西大門　THE PAINTERS 塗鴉秀觀賞

行程 ② 傳統市場與購物之旅

早 會賢站　南大門市場逛街與品嘗美食

午 明洞站　首爾塔＋明洞商圈購物

晚 弘大站　弘大商圈購物

行程 ③ 韓國潮牌與時尚之旅

早 纛島站　纛島漢江公園野餐

午 聖水站　聖水洞咖啡廳&逛街

晚 漢江鎮站　漢南洞購物、梨泰院咖啡廳

釜山4天3夜行程範例

Day 1

- 早 影島、太宗台
- 午 韓版聖托里尼：甘川洞文化藝術村
- 晚 南浦洞吃炸雞、逛夜市

Day 2

- 早 清沙埔天空步道、天空膠囊纜車清砂埔站
- 午 海東龍宮寺、松島天空纜車
- 晚 廣安里大橋看夜景

Day 3

- 早 海雲台電影大道
- 午 海雲台、廣安里玩耍
- 晚 釜山海產市場、生魚片海鮮大餐

Day 4

- 早～午
  新世界Centum City百貨公司、樂天百貨逛街、SPA LAND汗蒸幕

濟州島必訪推薦

推薦 1 踏青賞美景

城山日出峰、Camellia hill、柱狀岩石海邊섭지코지、濟州島第一大天地淵瀑布천지연폭포、오설록濟州島茶園。

推薦 2 夏日好去處

月汀里海邊(월정리해변)、咸德犀牛海邊(함더서우봉해변)、梨湖海水浴場(이호태우해수욕장)、金寧海水浴場(김녕해수욕장)。

推薦 3 咖啡廳

Anthracite咖啡廳、MonsantCafe몽상드애월(G-Dragon開的咖啡廳)、innisfree濟州島咖啡廳、umu布丁店、Jjokkeulrak(쪼끌락)咖啡廳。

推薦 4 美食

오는정飯捲、海鮮辣湯、濟州黑豬烤肉、鮑魚料理、濟州柑橘。

抵達機場後，如何順利入出境？

仁川國際機場為韓國的國家大門，先進的管理與服務設施，被評選為世界最佳機場。

本篇為你詳細介紹如何入境、出境韓國，依照步驟解說辦理手續，讓第一次自助旅行的你，

輕鬆進出韓國，以及往返仁川機場和首爾之間。

認識仁川國際機場

多次被評選為全球服務最佳的機場。

仁川國際機場位在仁川市的永宗－龍遊島上，經由填海造陸將兩個分離的島合而為一，而機場就在那塊海埔新生地上。營運中的航廈有第一及第二航廈，主要起降在第一航廈。兩個航廈間有連通航站列車。

機場設施

仁川機場連年被評選為全球服務最佳的機場，除了有伴手禮商店、免稅店、各種餐飲美食之外，也提供網咖、桑拿浴、美髮店、藥局、乾洗店、瞭望台咖啡廳，以及嬰幼兒休息室等，甚至還有傳統文化中心，可體驗製作韓紙、穿傳統服飾拍照等，讓候機、轉機的旅客不無聊。

換鈔櫃檯

第一航廈有3家銀行：友利銀行、韓亞銀行、國民銀行，在1樓入境大廳、3樓出境大廳、免稅

區內都設有兌換處。另外，地下1樓均有設營業所，提供一般銀行業務。第二航廈也有3家銀行：韓亞銀行、友利銀行、國民銀行，國民銀行與韓亞銀行的營業所位於地下1樓，其餘則為換錢所，分散於出入境區。

租借Wi-Fi分享器、SIM卡

第一航廈與第二航廈入境處都有可以租借網路或購買SIM卡的地方，最知名的品牌為SK Telecom、KT、LG U+等電信業者的服務台，持護照和信用卡即可辦理。記得事先詢問歸還時的櫃檯位置及營業時間，便於離境前歸還。現在有許多網路平台都可以提早預約，並享有優惠價購買，建議可以上Seoulpass或Klook等平台查詢。

景福宮免稅店

從韓國離境時有很多免稅店可以逛，不過比較特別的是，在仁川機場第一航廈入境後的行李領

取區旁,還有一間景福宮免稅店,該免稅店有販售酒類、香菸、香水與化妝品等商品,這樣就連在等候行李的時候,都可以偷閒前往逛逛。而且不定期會有折扣,有時更划算一些。

無人巴士售票機

第一航廈提供專人巴士售票亭(有營業時間限制),以及無人巴士售票機,第二航廈採用的是巴士售票機,提供韓、中、英、日4種語言,可購買首爾市內及直達其他城市的巴士票券,並且24小時全天候服務。

洗衣 / 洗鞋 / 洗包店

第二航廈B1地鐵出閘層,在巴士售票機附近有洗衣店,提供衣物乾洗及保存、鞋子修理和運動鞋清潔等付費服務,營業時間為08:00～18.00(週日公休)。

第一航廈也有類似的服務,營業時間為08:00

～19:00(週六只到17:00,週日公休),位置在第一航廈B1的西側,服務項目包含衣物乾洗、外套保管、皮鞋修理與上光,以及運動鞋清洗。

公共浴室

逼不得已必須在機場過夜時,仁川機場提供數個24小時付費淋浴間,費用約為₩3,000(約台幣71元),分別在第一航廈4樓的25、29號登機口附近,以及第二航廈231、268登機口附近。

自助行李秤重

仁川機場有提供行李秤重的機器,非常方便,如果在登機前還不確定自己的行李重量是否符合規定,可以在報到處附近找到這樣的機器,確認行李是否超重,以及是否有需要調整手提行李重量的狀況。而且最新的秤重機器甚至無須把行李提起來,只需要放置於金屬區塊中即可以秤重,相當省事又便利。

仁川國際機場官網

機場官網可查詢航班時間、航廈資訊、機場位置圖、各樓層服務設施,以及機場附近的交通方式等實用資訊。

http www.airport.kr/ap/ch/index.do

※資料時有異動,請以官方公布的最新資料為主

如何順利入出境

詳細介紹韓國出入境的相關須知與便利措施。

疫情期間，曾一度被取消自由入境的政策、需申請的K-ETA與Q-code，會視情況增加健康調查手續，但已經比疫情期間簡化許多。

海關申報單則是有需要申報的旅客再行填寫提交即可。

▲ 海關申報單

入境韓國步驟

Step 1 填寫入境卡與海關申報單

在飛機上時，空服員會詢問是否有需要入境卡與海關申報單，所有人都需要填寫入境卡，因為這是韓國用來追蹤所有入境旅客的必須資料。入境卡上都有中文，只要按項目填寫好姓名、出生日期、國籍、職業、入境目的等內容即可，其中最重要的一項就是在韓地址，請務必填寫在韓國時會住宿的地點，韓文或英文都可以。

Step 2 入境審查

韓國會因為疫情狀況隨時啟動Q-code填寫關卡，將在過海關前進行，只要現場按指示操作即可，無須擔心。領完行李後，如攜帶須申報物品者，需走物品申報專用通道，並提交海關申報單。反之則走綠色通道。

ARRIVAL CARD 入境卡（外國人用）		※ Please fill out in Korean or English. ※ 請填寫韓語或英語。	
Family Name / 姓	Given Name / 名		☐ Male / 男 ☐ Female / 女
Nationality / 國籍	Date of Birth / 出生日期 Y Y Y Y M M D D	Occupation / 職業	
Address in Korea / 在韓地址		(☎:)	
※ 'Address in Korea' should be filled out in detail. (See the back side) ※ 必須填寫'在韓地址'。(參考後面)			
Purpose of visit / 入境目的 ☐ Tour 觀光　　☐ Visit 訪問 ☐ Business 商務　☐ Employment 就業 ☐ Others 其他( )		Signature / 簽名	

▲ 入境卡

▲ 機上沒有領取申報單，可在櫃檯索取

▲ 紅色為申告通道

Step 3 領取行李

通過入境審查後，就可以前往行李轉盤領取自己的行李。

▲ 行李轉盤

Step 4 旅遊資料領取

入境後，韓國機場入境大廳都設有旅遊諮詢中心，提供很多旅遊地圖與資料，建議多多利用。留意櫃檯展示的資料，有時候還能領取到免費的T-money交通卡或是各種優惠折價券唷！

▲ 可免費領取資料

貼心 小提醒

入境須申報事項

如何確認自己有沒有需要進行申報呢？下面為大家整理的簡易清單以供確認。若行李或攜帶物品中有包含以下東西，請務必誠實進行審查。

☐ 攜帶超出免稅範圍的物品
☐ 違法物品
☐ 動植物(包含肉、皮毛、羽毛)、水果、蔬菜
☐ 超過1萬美金以上的支付工具(現金、支票等)
☐ 2瓶(不包含)以上免稅酒類(超過2公升或總價超過400美金)
☐ 200支以上免稅香菸
☐ 20ml以上電子菸尼古丁液體(尼古丁含量需小於1%)
☐ 60ml以上香水

此外，19歲以下未成年人禁止攜帶菸酒相關物品。其他詳情請參見官網。

🌐 www.customs.go.kr/kcs/cm/cntnts/cntntsView.do?mi=2837&cntntsId=829

出境韓國步驟

當結束了一趟旅程，準備搭機返航時，也有許多需要注意的眉眉角角，這篇幫大家整理了行李託運、退稅與免稅品購買等相關資訊，讓你省錢血拼到最後一刻。

Step 1 辦理登機、行李託運

根據航空公司找到櫃檯後，即可排隊準備辦理登機與行李託運。若出行期間為人潮擁擠如連假期間時，建議提早3小時到機場準備。部分航空公司會開放自助報到機台，但自助報到機台僅用於報到選位，之後仍需排隊託運行李，優點是能快速選位。有關託運行李限制，詳細規定請上網查詢。

🌐 www.caa.gov.tw/article.aspx?a=1273&lang=1

Step 2 辦理退稅

退稅可是離境前最重要的一環，出境前、後都有退稅機台可使用。在韓國國內購物，單筆消費於₩15,000～600,000之間，且從購買日算起，3個月內離境的外國旅客（滯韓期間未滿6個月），或韓國海外僑胞（滯韓未滿3個月）即可辦理退稅。

機場	出境前	出境後
仁川第一航廈	B、D、J、L區	28號登機口
仁川第二航廈	D、E區	249號登機口
金浦機場	2樓1號門	36號登機口旁

＊以上僅供參考，櫃檯資訊常有變動，請以實際現場公告為主

Step 3 安全檢查、出境審查

過安檢的時候有許多注意事項，許多旅客沒注意，攜帶了違禁品，以致於物品被現場丟棄，因此建議確認清楚哪些物品可以隨身攜帶，以下整理幾點注意事項：

■水及飲料在管制區外喝掉或倒掉。
■應放置託運行李（不可隨身攜帶）物品：各類刀、剪、工具及容器超過100ML的乳液、沐浴乳、髮膠、罐頭等物品。
■應隨身攜帶（不可託運）物品：行動電源或鋰電池、一般打火機（1個）。
■不可託運及隨身攜帶物品：鉛酸電池（含電器用品）、防狼噴霧劑、防風（藍焰）打火機等。
■皮帶、外套、筆電、平板電腦請脫下（取出）放入置物盒過X光儀檢查。
■攜帶易碎物品，請自行妥善包裝，並主動告知安檢人員。

Step 4 準備登機

在機場免稅店購物的好處就是物品可隨身攜帶上機，不用額外占託運行李重量，當然手提上機的行李也有重量限制，大家可以適量購買一些限定版產品作爲紀念品贈送給親友。

▲出境後有很多免稅店可以逛

貼心 小提醒

預備行李秤免得超重

每一間航空公司的託運行李重量限制都不同，在韓國大買特買過後，請務必確認自己行李重量是否在託運範圍內，若超重則須另外付超重費，建議可隨身預備行李秤。

退稅機台操作步驟 Step by Step

事前準備好護照與領取的退稅單,接著按照機台指示步驟進行資料輸入即可,通常機台旁都會有工作人員協助,因此無須擔心!

金浦機場出境前也有退稅機台可使用 ▲

Step 出境後找到退稅櫃檯

Step 1 選擇中文、掃描護照

Step 5 選擇中文、掃描護照

Step 2 掃描退稅單

Step 6 選擇退稅方式(建議現金)

Step 3 確認掃描成功

Step 7 確認金額、領取現金

貼心 小提醒

每家退稅級距都不同

韓國有3家退稅公司：藍色Global Blue Tax Free、橘色GLOBAL TAX FREE與Nice TAX Free，各自的退稅級距不同，請事先確認。

領取免稅品

若你是在市區內的免稅店或線上免稅店購物，記得提早進行海關審查，領取免稅品後再去登機。根據機場指示找到免稅品領取處，掃描護照後領取號碼單等待叫號，最後將領取到的免稅品放入隨身行李箱內。

行家祕技 節省退稅時間撇步

不用到機場也可以退稅

在韓國，不僅可以離境前在機場退稅，消費當下也可以享有即刻退稅服務，還有在市區內辦理退稅的方式，相當方便。

- **店家退稅**：只要在貼有Tax Free的店家購物，消費滿店家指定額並出示護照，就可以直接扣除稅金
- **市區內退稅**：只要單筆退稅金額小於₩75,000，就可以在市區內的退稅機台辦理退稅。**請注意** 雖然是以現金退稅，但須用信用卡扣退稅額作為擔保，確認離境後的3週左右會再退回。

提早抵達，並掌握機場動線

仁川機場非常地大，有時候甚至需要搭乘列車前往登機口，會比想像中要花更多的時間，特別是有需要領免稅品的人，建議一定要加快動作，並了解清楚動線位置，因為免稅品領取窗口的位置和搭乘列車前往登機口的月台位置有一小段距離，抵達登機口後仍有免稅店可以逛，因此最好領完免稅品後就立刻搭乘列車前往登機口，就有充裕時間可以安心地慢慢逛免稅店了。

從仁川機場前往首爾市區

機場內會標示各種交通方式的方向。

從機場進入市區的方法不外乎地鐵、機場捷運、巴士與包車這4種，到底哪種比較好呢？從仁川機場前往弘大為例，以價錢來說：地鐵＜機場快線＜巴士＜包車；以速度來說：包車＞巴士＞機場快線＞地鐵。

韓國的交通設計非常便利且簡易明瞭，即使是第一次來韓國，搭地鐵也能快速上手，因此如果行李不多且不趕時間，機場線地鐵會是很好的選擇！但如果同行者中有老弱婦孺或身心障礙者，就會建議選擇包車前往住宿地點，會省下很多時間與力氣！

搭巴士

從仁川機場第一航廈出來後，在1樓內部有兩個售票處，分別在Gate 4、9號。外部則有Gate 4、6、7、8、11、13號前有售票處。

機場巴士 ▶

A ～ F 입국장　1~14 출입구　❓ 안내데스크　🔵 매표소　1F

장기주차장행 셔틀버스
호텔, 항공사
교통센터
장기주차장행 셔틀버스
호텔, 항공사

단체버스
단체버스
단체버스

비상용　인천　서울　경기　지방　인천　비상용

A　1　2　3　4　5　6　7　8　9　10　11　12　13　14　F

B　C　D　E

E　　　　　W

常用機場巴士路線編號

地點	巴士線路
明洞	6001、6005、6015、6021、6701
東大門	6002、6013、6010、6011、6100
弘大	6002、6011、6005
梨大	6011、6002、6021、6015、6005
江南	6000、6006、6009、6020、6013、6500
梨泰院	6030、6001、6010、6702
仁寺洞	6002、6005、6011、6001、6015

機場巴士票價

路線	成人	兒童
首爾市內←→仁川機場(直達)	₩17,000	₩12,000
首爾市內←→仁川機場(途經金浦機場)	₩16,000	₩12,000
首爾市內←→金浦機場	₩8,000	₩6,000
金浦機場←→仁川機場	₩8,000	₩6,000

＊更多資料請參見：airportlimousine.co.kr/index.php
＊以上資料時有異動，請依官方最新公告為準

機場巴士購票步驟 Step by Step

 Step 1 ## 選擇中文介面

前往售票亭找到機器，選擇中文、購買車票。

▲ 售票亭

▲ 售票機

 Step 2 ## 選擇目的地

可根據目的地的發音快速搜索。

 Step 3 ## 選擇班次、數量

根據出發時間挑選班次，接著選擇所需票種及數量。

 Step 4 ## 確認付款

插入信用卡即可付款。

搭機場鐵路(A'REX)

仁川機場距首爾市區開車約1小時車程，塞車的時候時間難以掌握。旅客可直接搭機場鐵路到首爾火車站，再轉搭地鐵至下榻地點，若要搭乘高鐵KTX至外縣市，也可在機場直接轉搭，不需要進入首爾，十分方便，但班次比較少，若無適當班次，還是得進入首爾市區轉搭KTX。（搭乘KTX請參閱P.78）

仁川機場站→首爾火車站

車種	車資	行車時間	營運時間
普通車 (A'REX Commuter)	1航廈單程₩4,450(T-Money卡₩4,350) 2航廈單程₩5,050 (T-Money卡₩4,950)	59～66分鐘	05:23～23:42
直達車(A'REX Express)	1、2航廈相同，成人11,000，兒童敬老身障人士8,000元(不可使用T-Money卡)	43～51分鐘	05:20～21:40

＊票價未加₩500保證金　＊以上資料時有異動，依最新公告為準

機場鐵路交通圖

● 轉乘站
▬ 普通車
▬ 直達車

機場貨運樓　雲西　永宗　青羅國際城　黔岩　桂陽　9號線　5號線　金浦金線　西海線　6號線　京義中央線　2號線　京義中央線　5號線　6號線　高速鐵路(KTX)　京義中央線　1號線　4號線　仁川2號線　仁川1號線

仁川國際機場2航廈　仁川國際機場1航廈　首爾站

＊地圖繪製：許志忠

機場鐵路搭乘步驟 Step by Step

Step ① 沿指標往B1走

機場鐵路在航站地下1樓，入境大廳內有指標，請沿著指標前進。

Step ② 買車票

有兩種方式，一是直接向人工櫃檯購買，直達車請到橘色櫃檯，普通車到藍色櫃檯，另一種則是到旁邊的自動售票機購票。普通車的票卡需加收₩500保證金，出站後可退還，直達車不收保證金，車票為對號座位。若已經持有T-Money交通卡，可直接使用，無需購票。

以上圖片提供／李孟岑

Step ③ 進入乘車閘口

依照指示前往乘車閘口,將車票或T-Money放在閘口的感應器上即可。

Step ④ 前往月台搭車

依前往金浦機場方向的指標找到候車月台。由於只有一條路線,不用擔心搭錯車。月台上方有顯示器顯示即將來的列車時間和車種,普通車代表色是藍線,直達車是橘線,月台在對面,十分好認。

Step ⑤ 出閘口,退還保證金

若你購買的是一次性的普通車票,下車出閘口後,記得到退保證金的機器,將₩500拿回來。

A.將一次性車票卡片插入 / B.取回₩500保證金

Step ⑥ 轉乘地鐵

到首爾火車站後,依指示轉乘首爾地鐵1號線或4號線。若要轉乘地鐵5號線、9號線,可搭普通列車至金浦機場站即可;轉乘地鐵6號線者,坐到數碼媒體城站或孔德站;轉乘2號線者,坐到弘大入口站,不用再坐到首爾火車站。

機場鐵路普通車售票機操作解説 Step by Step

A.乘車券販售機 / B.交通卡加值機 / C.操作螢幕 / D.身分證掃描處(欲購優惠票者) / E.交通卡加值置放處 / F.紙鈔投入口及退鈔口 / G.銅板投幣孔 / H.銅板退幣孔 / I.收據出口 / J.取票口

Step ① 選擇語言

點選中文。

Step ② 選目的地

點選左上方要抵達的車站,若要轉車至首爾市區,可再點選下方的首爾圈車站。

Step ③ 搭乘人數

選擇購買人數,螢幕右邊會顯示價錢。

機場鐵路直達車售票機操作解說 Step by Step

A.直達列車自動售票機 / B.路線圖 / C.操作螢幕 / D.紙鈔投入口 / E.銅板投幣孔 / F.使用說明 / G.收據出口 / H.取票口 / I.找零錢口

 Step **選擇車種**

選一次性交通卡。

 Step **選目的地**

點選右邊「Q,R, S」之後，找到首爾火車站 (Seoul Station)。

 Step **搭乘人數**

選擇要搭乘的車種及購買人數，螢幕右邊顯示價錢。

搭計程車

　　機場4C～8C號門出口外前方車道處有計程車招呼站，站牌上有英文標示前往的目的地。有4種計程車可供使用：一般計程車、模範計程車、9人座計程車、國際計程車，其中國際計程車是專為外國旅客而設計，司機具有英、日語等能力，在機場大廳8～9號出口處有代叫車櫃檯。

　　一般計程車夜間23:00～04:00需加收20～40%的費用，模範計程車與大型計程車需加收20%，國際計程車則不用，但一般計程車起跳費用低（₩4,800），模範計程車與大型計程車起跳價為₩7,000；國際計程車車資則根據首爾市區間費用計算。如果同行人數多，可考慮搭乘計程車，平均分攤下來與搭巴士差不多，好處是可直接送到飯店，省去提著行李走路的麻煩。高速公路通行費須由乘客負擔。

前往地點	運行時間	一般計程車費
首爾弘大	約60分鐘	₩49,000
首爾明洞	約70分鐘	₩56,000

＊以上資料時有異動，依最新公告為準。

▲ 機場外計程車等候處

▲ 一般計程車

▲ 大型國際計程車

交通篇
Transportation

如何利用各式交通工具,在韓國到處遊透透?

旅行韓國,會用到的交通工具相當多種,大城市如首爾,捷運是最佳的幫手。

想要到首爾以外的城市旅行,快速的高鐵KTX和四通八達的火車、長途巴士,

足以帶你走遍大城小鎮,體驗不同的城鄉風情。

搭乘境內航空

国내선 청사
Domestic 國內線廳舍

2F 탑승수속
Check-in 搭乘手續

先搶購促銷票，再配合調整假期時間。

韓國國內有15個機場，由Korean Air大韓航空(KE)和Asiana Airlines韓亞航空(OZ)兩家國家航空公司負責國內16條航線，另有5家廉價航空，德威航空、濟州航空、真航空、易斯達航空、釜山航空這5家分食部分國內航線，其中以德威航空(T'way Air)最為活躍。而廉航Air Seoul(韓亞航空的子公司)，目前只有韓國以外之國際航線，沒有提供韓國國內航線服務。

首爾市區的國內線機場在金浦機場，購票可以至機場櫃檯、旅行社、市區內航空公司分社，或上網預訂。廉價航空不時會有促銷票，以金浦——濟州為例，正常來回票約8萬多韓元，促銷票則可低至2萬韓元，便宜非常多。每天票價均不同，週末最貴，週間較便宜，亦有早鳥票優惠。若有計畫搭國內線飛機旅行，不妨先搶購促銷票，再來配合調整假期。

不過要提醒你，促銷票多半限制多，有的不能退票，最好詳閱清楚航空公司的規定再做決定，以免被低票價沖昏頭。國內線需提前40分鐘抵達機場完成Check-in，部分航空公司可在網路上Check-in。

廉價航空台灣對飛航線(以德威航空為例)

台灣	韓國
台北松山	首爾金浦
台北桃園	大邱
台北桃園	清州
台北桃園	濟州
台中	仁川
高雄	仁川
高雄	金浦

航空資訊這裡查

國內線班機時刻表
http www.airport.co.kr/gimpo/cms/frCon/index.do?MENU_ID=1060

大韓航空
http www.koreanair.com
☎ 02-2656-2001

德威航空
http www.twayair.com
☎ 02-2509-0020

＊資料時有異動，請以官方公布的最新資料為準

交通篇

搭乘火車

搭火車遊覽韓國其他城市或鄉下最棒的交通工具。

韓 國的面積比台灣大約3倍，但行車時間也不過4、5個小時，尤其是韓國高鐵KTX加入營運之後，更是把行車時間縮短了一半。

改搭往該城市的火車。此時，建議直接在當地坐巴士前往還比較快（韓國鐵路圖，請參閱P.70）。

認識韓國鐵路

韓國鐵路由韓國鐵道公司（KORAIL）經營，為國營民營化公司，分為高速列車KTX與SRT、ITX-青春、新村號、ITX-新村、無窮花號，以及觀光列車。KTX採法國TGV技術，時速可達300公里以上，平穩舒適，但價錢也最高，目前已有4條路線（京釜線、湖南線、全羅線、慶全線）。

韓國鐵路以首爾市為中心點向四周輻射出去（如京釜線、中央線、京春線等），再由這幾條主要的幹線延伸出去或相互連結，而組成14條路線。有些城市受限於地形，在地圖上看起來明明就很近，但就是沒有連結的火車，必須返回首爾

| 火車標誌 | 首爾捷運標誌 | 高鐵KTX標誌 |

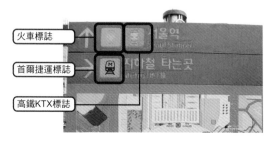

路上觀察 火車種類和內部設備

▲ **KTX：韓國高速鐵路，有頭等車廂、一般車廂**

▲ **新村號새마을호：一級列車（特快），有頭等車廂、一般車廂**

▲ **無窮花號무궁화호：二級列車（快車）**

▲ **ITX青春列車：雙層列車，僅有一般車廂**
（圖片提供／李孟芩）

▲ **KTX一般列車的3、5、12車廂的A、B、C、E座位會有USB充電口**

▲ **KTX無窮花號與新村號上，有販售零食的推車**

如何購買火車票

　　可直接在火車站櫃檯，或是火車站的旅客服務中心購票。如果你有好幾段火車行程，還可以請服務人員幫你規畫路線與票券。另外，比較大的火車站內會設置自動售票機，可多加利用，或是行前上官網訂票。

　　建議最好提早預購，以免到時沒座位，尤其KTX相當熱門。自由席只能坐在指定的車廂，通常只有一節車廂是自由席。

韓國鐵道公司 Let's Korail
http www.letskorail.com

▲ 自動售票機

自動售票機購票步驟 Step by Step

Step 1　開始購票

　　自動售票機販賣的票種有KTX、ITX（새마을）、Nuriro（누리로），以及無窮花號（무궁화호）。機台分為現金付款和信用卡付款兩種，首爾站目前只有信用卡付款機種。

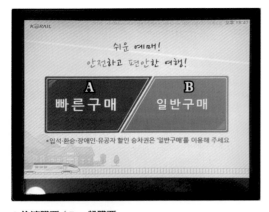
A.快速購買 / B.一般購買

Step 2　購買或預約

　　透過此機台可購買票券、退票、搜尋預約票或是取消預約。

A.乘車券購買 / B.乘車券退票 / C.預約票搜尋 / D.預約取消

Step ③ 選擇票券內容

票券內容包含搭乘日期、時間、出發與抵達目的地、列車種類以及人數等，需逐項點入選擇，選完後按確認。

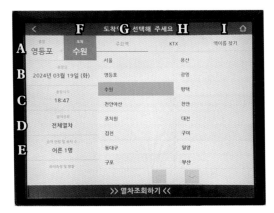

A.起站 / B.乘車日期 / C.乘車時間 / D.列車種類 / E.人數 / F.迄站 / G.主要站 / H.尋找站名 / I.查詢列車

Step ⑤ 選擇付款方式

選擇現金付款或信用卡付款（首爾站的機台只接受信用卡付款），並按下結帳。

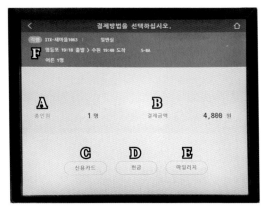

A.總人數 / B.結帳金額 / C.信用卡 / D.現金 / E.點數／哩程 / F.列車資訊

Step ④ 選擇班次與座位

系統會顯示符合的車次，選好後，接著開始選位，有一般車廂、特等車廂、自由座車廂，以及站位。

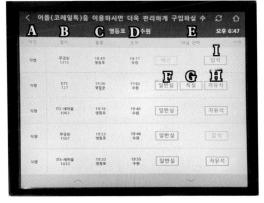

A.旅程 / B.列車 / C.出發時間與站名 / D.達時間與站名 / E.選擇車廂 / F.一般車廂 / G.特等車廂 / H.自由座 / I.站位

Step ⑥ 確認購票內容

再次確認列車時間、座位、金額後皆無誤後，再進行付款。

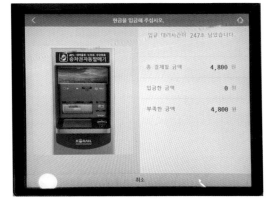

Step 7 付款

Step 8 領取車票與收據

完成購票後，記得領取車票與收據。

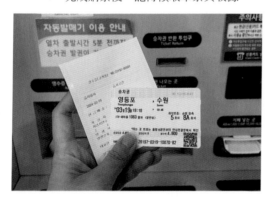

看懂列車資訊電子看板

Boarding Time	Train	Train No.	To	Track	Delay
19:06	KTX	127	Busan (via Suwon)	9	0 min
19:18	ITX Saemaeul	1063	Mokpo	8	0 min
19:23	Mugunghwa	1507	Yeosu-EXPO	8	0 min
19:33	ITX Saemaeul	1033	Jinju	8	0 min
19:43	Mugunghwa	1317	Daejeon	9	0 min
20:10	ITX Saemaeul	1077	Gwangju	8	0 min

A.出發時間 / **B.**列車種類 / **C.**列車編號 / **D.**目的地 / **E.**月台編號 / **F.**延遲時間

網路訂票步驟 Step by Step

Step 1 選擇語言、進入系統

1.進入韓國鐵道公司官網，點選右上方的「中國語」(簡體中文)，進入訂票系統；預約期限為出發前30分鐘～前1個月。**2.**點選左上方「車票」內的「網上預訂」。

Step 2 搜尋火車班次

A.列車分類：一般／快樂鐵路通票(居住在韓國的外籍人士使用)／DMZ火車(非武裝軍事區火車)

B.列車種類：直達／轉乘

C.出發時間

D.起站／終站：若起站不在首爾，終點站不在釜山，請點後面的放大鏡，上方會出現其他火車站名，粉紅色為KTX車站，白色為其餘大站，若要去的城市沒出現在上方方塊中，請在下方藍色方塊中，點選車站的第一個英文字母，在最下方白色方塊處就會出現幾個車站，找到你要的車站後點下去。

交通篇

E.列車車種：除非你很確定乘車的路線是屬於KTX，否則請點選ALL，可查詢到所有車種。

F.搭乘人數：上排為大人，指13歲以上的乘客；下排為小孩，指4～12歲兒童，兩者最多可各買9人。(以旅行日期為基準)

G.開始搜尋：若搜尋結果出現「no train in search result」，代表沒有直達車到該城市，請重新在B處勾選「轉乘」，再搜尋一次。

Step 3 選擇搭乘班次

選擇要搭班次的艙等，若為轉乘車，兩列的艙等都要勾。

列車轉乘	列車號	列車	出發名	到達站	出發時間 到達時間	First class	Economy class	FARE
直達	101	KTX	Seoul	Busan	05:10 07:53	選擇	選擇	🔍
直達	103	KTX	Seoul	Busan	05:30 08:18	選擇	選擇	🔍
直達	301	KTX	Seoul	Busan	05:40 08:42	選擇	選擇	🔍
直達	1201	Mugunghwa	Seoul	Busan	05:55 11:32		選擇	🔍
直達	1001	ITX-Saemaul	Seoul	Busan	06:10 11:00		選擇	🔍

A.車種顏色 / B.直達 / 轉乘 / C.列車車號 / D.列車車種 / E.起站 / F.抵達站 / G.出發時間 / H.到達時間 / I.頭等艙 / 經濟艙 / J.車費查詢

Step 4 填寫基本資料

輸入姓名、性別、密碼、國籍、E-MAIL，按下Next。

車票預訂

- 請在相應空格中填入人的姓名與郵箱地址。
  (注意)姓名等，相關客戶的個人信息事項，必互之際與您的根據信息改善答答事項。
- 輸入的信息保存後無法撤銷，請確認《無此》的個人信息是否有效。
- 請點擊下「下一步」以進入下一操作。下一步

姓名	名字		姓	
性別	◉男 ○女			
密碼		(6~13位數字)		
確認密碼				
國籍	選擇 ▾			
電子郵箱				

- 個人信息收集內容
1. 為提供列車預訂及相關顧客管理等服務，韓國鐵道(公社會員)範圍內收集以下個人資料：
  ○ 收集內容：姓名、聯絡方式、郵箱地址
  ○ 收集目的：為私權行購買預約等優惠事項，確認身份審查
2. 為提供所執行的服務，將會自動生成並收集以下信息：
  ○ IP地址、cookies、服務記錄、網頁瀏覽歷史記錄

☐ 我同意韓國鐵道公社的《旅客運送約款》與《個人信息政策》

Step 5 確認、付費

確認資料包含個人資料、票券內容等，確認無誤後，在車票付款信息的位置選外國銀行卡，就會跳出結帳視窗。結帳後會出現車票畫面，可截圖或拍照存取，不需要印出來。依照時間與出發地前往搭車即可，無須驗票。

車票預訂

— 確認訂單信息

姓名	▓▓▓▓▓
性別	女
國籍	TAIWAN
電子郵箱	▓▓▓▓▓

— 行程

列車號	列車種類	出發 日期 月/日)	出發	到達	人員數
1007	ITX-Saemaul	12/30	Seoul [12:20]	Busan [17:25]	1

— 車票詳細信息

座位號	車種號	乘客類型	票份
6-12D	economy class	adult	42,600

總票價 : **42,600 KRW**

— 車票付款信息

○ 外國銀行卡 (VISA, MASTER, JCB)
○ 韓國銀行卡 [▷▷个人] [企业]

NEXT >

看懂火車票

| KORAIL 열차승차권 | 발행일시 : 2023/07/05 15:33 |

A 출발일 2023년 07월 15일 (토)　미인쇄재발매(1회)

B 출발→도착역 용산 → 익산
　Yongsan　Iksan
　09:18　10:28

C 열차번호 KTX 411

D 좌석번호 10호차 6D석　일반실 | 역방향 | 어른
　※ 타는 곳 번호는 역에서 확인하시기 바랍니다.

영수액 32,200원 (신용910020)　운임요금(할인액) **E** 32,200원 (0원)

예약자: LAIY AJUI
승차권 이용 및 반환에 대한 자세한 내용은 홈페이지의 여객운송약관을 참고하시기 바랍니다.
철도 고객센터 1588-7788, 1544-7788

승차권 번호
80047-0705-10144-48

A.出發日期 / B.出發地與目的地及時間 / C.列車號碼 / D.座位號碼 / E.車費

如何辦理退票

購買車票後，若因故要退款或更換日期，須先退還原先預訂的票券，再重新預約。

出發前退款

■ **預約日期為週一～四的車票：** 出發時間3小時之前可免費退款取消；出發時間3小時內取消，收取5%手續費。

■ **預約日期為週五～日的車票：** 出發時間1個月～1天之前取消，收取₩400手續費；出發當日～出發時間3小時前取消，收取5%手續費；出發時間3小時內取消，收取10%手續費。

出發後退款

若出發後才申請退款，則不分日期，一律爲：20分鐘內取消，收取15%手續費；20～60分鐘內取消，收取40%手續費；60分鐘～抵達時間內取消，收取70%手續費。

승차권 영수금액	：	₩5,100 **A**
반환 수수료	：	₩700 **B**
반환 카드 번호	：	43119510********
신용 반환 금액	：	₩4,400 **C**

火車退票收據：A.原本車票金額 / B.扣除手續費 / C.退還金額

網路退票步驟 Step by Step

Step 1 選擇語言、進入系統

進入韓國鐵道公司官網，點選右上方的「中國語」（簡體中文）。見P.58 Step 1

Step 2 進入訂單

點選左上角的「車票」內的「我的預訂」，選擇退票，並輸入姓名、電子郵件、密碼、信用卡號、國籍，再點選查詢。

Step 3 確定取消

網頁上會顯示之前透過網路預訂的火車票訂單，勾選要取消的那一筆，按下取消鍵。網頁會再一次確認是否要取消，確定要取消，請按下「CANCEL」鍵。

Step 4 完成取消

完成取消時會顯示「CANCELLATION IS COMPLETE」，若不放心，可再次進入「我的預訂」，確認裡頭已經無該筆訂單。

誤點補償

依照韓國官方規定，KTX、ITX경춘선(京春線)列車與一般列車可申請誤點補償。只要延遲日期起1年內都可在各大車站兌換延遲金額補償。一般列車包含ITX新村號、新村號、Nuriro號、無窮花號、青春號列車，KTX與一般列車適用同樣的賠款條款。

如何搭乘ITX青春列車

ITX青春列車為行駛首爾到春川站之間的高速鐵路，首爾的發車地點為龍山站或清涼里站。由於不能使用T-Money卡和KR PASS，加上火車月台無設票閘口，因此當你坐地鐵到龍山站或清涼里站時，下車後記得先去買ITX的車票(這條線很熱門，若能提前把票買好最好)，買完後先不要進月台，先在轉乘通道上找一台交通卡刷卡機，將T-Money刷出，才算完成出地鐵站，這時就可以進入ITX月台搭車。回程的時候一樣，在要搭地鐵前也要再刷一次T-Money，代表進站。

刷卡機有兩種，單座直立式的直接感應即可，另一種有左右兩邊感應區，去程時感應右邊(下車)，回程時感應左邊(乘車)。

▲ 搭乘Itx出站時要過票閘刷卡，才能離開 (圖片提供／李孟芬)

KR PASS

KR PASS(KOREA RAIL PASS)是韓國鐵道公司專為外國旅客推出的火車旅行通行證，期限內可不限次數自由搭乘KTX、新村號、無窮花號列車，適合用於火車旅行的行程安排。必須先在海外透過網路預約e-Ticket兌換券，入境韓國後再兌換成KR PASS。

使用規則

- 一人不能同時預訂2次e-Ticket。
- KR PASS為記名票券，不得轉售。
- 不得以他人的名字、信用卡購買(團體票中的同行者除外)。
- 觀光列車不可使用。
- KR PASS一經兌換就不能退款(除非發生天然災害、火車意外)。
- 遺失或遭竊時，不另補發。

票價

KR PASS僅適用一般艙等，若乘坐KTX頭等艙，須加收定價的50%。經濟票的票價與一般票相比，每人可優惠₩10,000。也有自選2日、4日券可購買，代表自使用日起10天內，可自選2天或4天使用。2人同行即適用經濟票，享9折優惠。若全家有2名大人、1名國中生、1名小學生，建議可購買1張經濟票、1張青少年票、1張兒童票。

預約與使用

- **預約：**抵韓1個月前，先上網預約e-Ticket。
- **劃位：**在30天內，持護照、e-Ticket預約號碼單、預約時使用的信用卡，於韓國鐵道公司官網，或是車站的外國旅客服務窗口劃位。

■**兌換：**兌換時須填入開始及到期的日期，若尚未劃位，則須爲第一趟列車劃位。

■**搭車：**在乘車入口處，須出示KR PASS讓站務人員檢查。

■**抵達／轉乘：**抵達出站時須出示KR PASS。若中途有轉乘，建議將搭乘的火車時間記錄於KR PASS後的旅行日誌，以供檢查。

注意事項

■不適用於各城市的地鐵，若只在單一城市內或濟州島旅行，則無須購買。

■若一天只搭乘一班火車，且路程不遠時，直接買火車票會比較便宜。

■農曆春節、中秋、感恩節、國定假日、週末容易沒位子，建議提早預約購買。

KR PASS票價表

票券種類	一般票			經濟票 (2～5人同行)
	成人(28歲以上)	青少年(13～27歲)	兒童(6～12歲)	
自選2日	₩131,000	₩105,000	₩66,000	₩121,000／人
連續3日	₩165,000	₩132,000	₩83,000	₩155,000／人
自選4日	₩234,000	₩187,000	₩117,000	₩224,000／人
連續5日	₩244,000	₩195,000	₩234,000	₩234,000／人

＊資料時有異動，請以官方公布的最新公告爲準

預約e-Ticket(KR Pass)步驟 Step by Step

Step 1 進入網站，選擇語言

進入韓國鐵道公司網站Let's Korail官網 www.letskorail.com，點選右上方的「中國語」（爲簡體中文）。

Step 2 輸入資料，開始訂票

票券內容包含搭乘日期、時間、上／下車站名、車種、數量、座位，以及車次等，須逐項點入並選擇，選完後按確認。

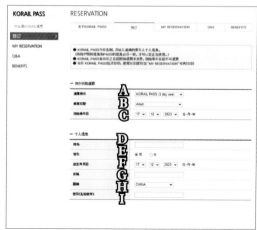

A.票券種類：分2、3、4、5日券／B.乘客種類：普通(成人，單1名旅行者)、兒童(4～12歲)、團體(2～5人同行)、學生(13～27歲持有國際學生證ISIC者)／C.預計乘車日期／D.姓名／E.性別／F.出生年月日／G.電子信箱／H.國籍／I.密碼

 Step 確認訂單資料

　　確認兌換券號、初始乘車日、電子信箱與付款金額是否正確,確定無誤後,按下付款。

Step 填寫信用卡資料,付款

　　輸入信用卡資料,根據步驟指示進行結帳即可。

 Step 列印訂單

搭乘地鐵

KR PASS不能搭乘地鐵。

韓國共6個城市有地鐵,首爾、仁川、大邱、大田、釜山、光州,其中以首爾的地鐵系統歷史最悠久,且路線最複雜,只要會搭首爾地鐵,其他城市的地鐵就都行得通。只需要使用T-Money(或具有T-Money功能的卡片,例如Discover Seoul Pass或WOWPASS)即可暢行韓國,無地區限制,一卡就能全國走透透,包含地鐵、公車、火車、計程車,以及高速公路過路費都能支付,詳見P.79。

搭乘巴士

除了有地鐵的城市，巴士是旅遊韓國最方便的交通工具。

韓大部分城市都沒有地鐵，巴士是當地一般民眾生活中最方便的交通工具，不過各個城市的巴士營運系統都不一樣，略為複雜，遊客只能隨機應變。一般而言，每個城市都分有市內和市外兩種巴士，前者行駛範圍只在城市內，後者則是聯絡其他城市。

市內巴士在街上的巴士站牌就可搭車，市外巴士通常會有一個集合總站，大一點的城市甚至會依照路線方向分設多個總站，一定要先確定搭車的總站是哪一個，以免跑錯了地方搭不到車。

長途客運

受地形限制，並非所有城市都有鐵路，只能靠長途巴士來串連城市之間的交通。位在山區的各式度假村幾乎也都得靠巴士才能抵達，因此要到韓國鄉下旅行，學會搭長途巴士很重要。

以首爾市為例，市內有5個長途巴士總站，開往的目的地都不同，技巧是先搞清楚要去的城市在哪條路線或屬於哪個「道」，再回過頭來找客運站。若要到小城市，沒有直達車的話，就先搭車到最靠近該地的大城市，再由大城市搭車轉進。

首爾市長途客運站

長途巴士站	營運路線	巴士站位置
首爾高速巴士客運站	京釜線(釜山、慶州、大邱、浦項、大田等城市) 發車時間查詢：www.exterminal.co.kr(韓) 　　　　　　www.kobus.co.kr(英)	地鐵3號線、7號線、9號線高速巴士客運站下，沿京釜線的指示牌即可找到。3號線較好找
市中心高速客運站 **(Central City)**	湖南線(全州、光州、木浦、順天、麗水等城市) 嶺東線(利川、江陵、束草、東海等城市) 發車時間查詢：centralcityseoul.co.kr	在首爾高速巴士客運站旁的兩層樓建築，步行5分鐘
南部客運站	華城、龍仁、平澤、安城、忠清北道、全羅南北道、慶尚南北道	地鐵3號線南部客運站5號出口
東首爾客運站	清州、全州、井邑、光州、東光陽、忠州、大田、大邱、江陵、東海、三陟、束草 發車時間查詢：www.ti21.co.kr(韓)	地鐵2號線江邊站4號出口
上鳳客運站	清州、大田、全州、光州	地鐵7號線上鳳站2號出口，直走5分鐘左右，在E-mart前

交通篇

長途客運購票、搭乘步驟 Step by Step

Step 1 前往發車的客運站

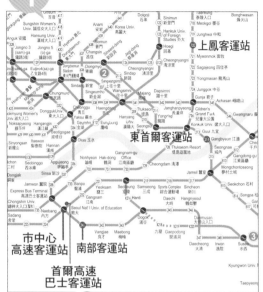

Step 2 查詢發車時間

在車站內的電子時刻表或一般時刻表，查詢要去的目的地發車時間。

A.前往目的地 / B.優等車 / C.快速車 / D,E.發車時間 / F.車資：上排是白天票價，下排是晚上票價

Step 3 購買車票

將目的地用韓、中、英文寫下，交給售票人員，如果沒有指定時間，通常會給最接近買票時間的班次，說明需要幾張票，並且付錢。

Step 4 前往乘車月台

依車票上或車站內的指示牌，找到乘車月台。

A.月台號碼
B.目的地

A	B
29	평택(平澤) Pyeongtaek
30	금산(錦山) Geumsan
31	안성(安城) Anseong
32	온양(溫陽) Onyang

Step 5 核對月台上的地名

有時你要去的目的地並非是路線的終點，只是其中一站，月台不一定會顯示出來，最保險的方式就是向月台旁的車站人員再做進一步確認。

Step 6 上車

將票交給司機或剪票員，剪票後上車出發。

A.巴士公司名稱 / B.出發地 / C.目的地

觀光巴士

在幾個熱門的旅遊城市，如首爾、仁川、水原、春川、大邱、全州、釜山、慶洲等，都有觀光巴士的服務，提供外語導遊或是語音翻譯，帶著遊客參觀市區重要景點。票券均限一天使用，費用約₩20,000～30,000左右，如果時間不多，又希望在短時間內看完多個名勝古蹟，觀光巴士是很好的選擇。可向各地旅客服務中心詢問。

▲ 首爾觀光巴士附有導覽翻譯機，可以透過耳機內的中文了解首爾的觀光景點

搭乘計程車

韓國觀光公社申訴電話：02-1330

韓國的計程車收費合理，且不用給小費。司機能講一口流利英文的不多，最好事先把要去的地點用韓文寫好，或者直接出示寫有韓文的地圖。路邊揮手即可叫車，若在火車站等交通據點前，就要到藍色的招呼站排隊。記得索取收據，以便尋找遺失物品或是進行不滿申訴。

計程車種類和收費標準

	基本車資	跳表費用	備註
一般計程車	首爾、釜山、仁川、京畿： 　2公里內₩4,800 外地：2公里內₩4,000～4,300	每132公尺或31秒 加收₩100	車身銀色(涵蓋全韓國)／橘色(主要服務於首都圈，寫international字樣之司機會講1種以上的外語)／黃色(較少)；可使用現金／信用卡／T-Money卡付費(非首都圈可能只收現金)，22:00～04:00夜間加成20～40%
模範計程車	首爾：3公里內₩7,000 釜山：3公里內₩7,500	每151公尺或36秒 加收₩200	車身為黑色並印有「모범택시」(模範計程車)字樣；可使用現金／信用卡／T-Money卡付費，無夜間和外地加成
大型計程車	首爾：3公里內₩7,000 釜山：3公里內₩7,500	每151公尺或36秒 加收₩200	可載8人，可使用信用卡付費；有同步翻譯設備；無夜間和外地加成

＊資料時有異動，請以官方公布的最新公告為準

好用單字
指指點點

常用單字

仁川國際機場 인천국제공항
　　in-chon-guk-je gong-hang

金浦機場 김포공항
　　kim-po-gong-hang

巴士(站) 버스 (정류장)
　　bus(jeong-ryu-jang)

火車(站) 기차 (역) gi-cha(yuk)

地鐵(站) 지하철 (역) ji-ha-chul(yuk)

計程車 택시 taxi

車票 차표 cha-pyo

KTX KTX고속철도 go-sok-chul-do

剪票口 개찰구 ge-chal-gu

售票處 표 파는곳 pyo pa-neun-got

投幣口 동전 투입구 dong-jeon tu-ib-gu

取消 취소 dong-jeon tu-ib-gu

退換口 반환구 ban-hwan-gu

乘車處 타는곳 ta-neun got

換車處 갈아타는곳 ga-la ta-neun got

出入口 출입구 chul ib gu

自由入座的不劃位的席位 자유석 / 입석
　　ja-yoo suk / ip suk

預先訂票座席 지정석 ji-jeong suk

頭等座席 우등 / 특실석
　　wu-deung / teuk sil suk

禁菸席 금연석 keum yeon suk

吸菸席 흡연석 heub yeon suk

乘車月台 열차 타는곳
　　yul-cha ta-neun-got

租車 렌트카 rent-car

實用會話

我要買一張到＿＿＿＿的(單程／來回)票。
저는＿＿＿＿까지 가는 (편도／왕복)표를 사려고 합니다
Ju-neun＿＿＿＿gga-ji ga-neun(pyun-do / wang-bok)pyo-reul
sa-ryu-go ham-ni-da

我想預訂到＿＿＿＿的列車。
＿＿＿＿까지 가는 기차표를 예약하려고 합니다
＿＿＿＿gga-ji ga-neun gi-cha-pyo-reul ye-yak ha-ryugo ham-nida

請告訴我到＿＿＿＿的列車時間。
＿＿＿＿까지 가는 열차시각을 알려주세요
＿＿＿＿ggga-ji ga-neun yul-cha-si-gak-eul al-ryu ju-se-yo

前往＿＿＿＿的(第一班／末班)列車是幾點？
＿＿＿＿까지 가는 (첫차／막차) 열차는 몇시입니까？
＿＿＿＿ggga-ji ga-neun(chut cha / mak cha)ulchaneun
myutsi-imniga？

下一班前往＿＿＿＿的列車幾點發車？
＿＿＿＿까지 가는 다음열차는 몇시에 출발합니까？
＿＿＿＿ggaji ga neun da-eum yulchaneun myutsie chulbal
hamniga？

列車何時到達＿＿＿＿呢？
언제 열차가＿＿＿＿에 도착합니까？
Un-je yul-cha-ga＿＿＿＿e do-chak ham-ni-ga？

需要轉車嗎？
갈아 타야 하나요？
Gal-a ta-ya ha-na-yo？

在哪裡轉車呢？
어디서 갈아 타야 하나요？
u-di-su gal-a ta-ya ha-na-yo？

有(早／晚)一點的列車嗎？
조금 더 (빨리／늦게) 출발하는 열차가 있나요？
Jo-geum du(bba-li / neu-ke)chul-bal-han-eun yul-cha-ga it-na-yo？

我想要租車。
차를 렌트 하고 싶어요.
cha-reul rent - ha-go sip-eu-yo

請問租一天多少錢？
하루에 렌트 비용이 얼마예요？
ha-ru-ye rent-bi-yong-i ul-ma-ye-yo？

首爾交通篇
Transportation

在首爾市區旅遊，該用哪些交通工具？

首爾擁有全世界第七大的地鐵網絡，儘管路線複雜，使用卻很簡單，只要一張T-Money，
就能遊遍首爾各大觀光景點與重要商圈。連接至近郊的火車路線、
輕軌也都併入首爾捷運圈內一起運作，旅程中不妨安排個一、兩天，到郊外走走。

搭乘火車

先確認目的城市的所屬路線，就能輕鬆找到對應的火車站。

首爾市內有5個主要火車站，分別是首爾、清涼里、龍山、永登浦、城北，各自負責不同的路線。若要搭乘高鐵KTX路線，可在仁川機場、黔岩站、首爾站、龍山站、永登浦站和光明站轉搭，其中，KTX京釜線的出發站是首爾火車站，KTX湖南線出發站則為龍山站，千萬別跑錯！各火車站都有地鐵可到，但部分站體並不相通，必須先走出地鐵站再依指標前往。

圖片提供／李孟岑

韓國鐵路圖

高鐵 KTX	京義線	中央線
東海南部線	京釜線	嶺東線
京元線	湖南線	京春線
慶北線	全羅線	太白線
京全線	長項線	忠北線

火車路線與出發火車站

出發車站	火車路線	主要終點站	如何前往
首爾火車站 서울역 (高鐵KTX車站)	京釜線、忠北線、部分湖南線列車、KTX京釜線	釜山	地鐵4號線首爾火車站13號出口 地鐵1號線首爾火車站2號出口
清涼里火車站 청량리역	京春線、中央線、嶺東線、太白線	慶州、春川、江陵	地鐵1號線清涼里站4號出口
龍山火車站 용산역 (高鐵KTX車站)	京元線、全羅線、湖南線、長項線、部分京釜線、KTX湖南線	木浦、天安	地鐵1號線龍山站1號出口
永登浦火車站 영등포역	長項線、京釜線、湖南線、全羅線列車均有停靠	平澤、順天、麗水	地鐵1號線永登浦站2號出口

＊資料時有異動，請以官方公布的最新公告為準

首爾交通篇

首爾圈主要鐵路與周邊城市連接

鐵路名稱	連接城市	旅遊景點
盆唐線	水原	華城
京春線	春川	南怡島、小法國村、晨靜樹木園
國線1號線	仁川、天安、溫陽	溫陽溫泉、地中海村
水仁線	西連松島、東接水原	松島未來城、仁川大橋、華城
中央線	西至坡州、東計畫延伸至原州	坡州英語村、普羅旺斯村、Heyri藝術村
龍仁輕軌	龍仁	愛寶樂園

搭乘火車步驟
Step by Step

Step 1　購買車票

可於官網、售票櫃檯、自動售票機，或旅遊服務中心購買火車票。

Step 2　確認搭車月台

查看車票上的乘車月台，與車站內的電子看板中作再一次確認，了解列車到站情況。

A.運行方向 / B.列車種類 / C.列車號碼 / D.發車時間 / E.乘車月台 / F.誤點時間 / G.現在時間

Step 3　入閘口

在首爾火車站、龍山火車站有分一般鐵路和KTX入口，請沿著指標走。

Step 4　月台候車

無須驗票，依照指標前往月台，直接進入月台候車即可，月台上方有電子顯示器，告示列車到站時間。

Step 5　上車找座位

列車到站後，請再一次核對車體上顯示的目的地站名，找對車廂和座位坐好。雖然入站時沒有票閘，但行駛中可能會有乘務員來查驗車票，請勿心存僥倖。

A.車廂等級 / B.車廂編號

Step 6　下車找出口，出站

抵達目的地後，沿著出口指標即可找到出口，直接走出車站，無需驗票。

貼心 小提醒

主動補票，勿逃票

如果坐過頭了，或者臨時改變下車地點，請主動向列車員補票。雖然現在出口已無設置票閘口，但行車途中仍有列車員查票，一旦發現逃票，將加倍處罰，千萬不要心存僥倖。

熱門鐵路旅遊路線

京春線
冬季戀歌、來自星星的你拍攝地路線

因韓劇《冬季戀歌》而爆紅的春川、南怡島，為方便大量國內外遊客，2010年底首爾開通了連續江原道首府春川的地鐵，2012年2月底加入「ITX青春列車」，車速僅次於KTX的高速列車，兩層式列車也是韓國首見，行車時間較地鐵快約半小時。地鐵站可至7號線上鳳站轉乘京春線，ITX則在龍山、清涼里火車站搭乘。小法國村亦為此路線上的景點之一。

全羅線
看世博會路線

貫穿全羅南北道，有「韓國京都」之稱的古都全州，為此線最重要的旅遊城市，終點站麗水市，為閑麗海上國家公園的一部分，同時也是2012年世博會主辦城市。須銜接湖南線連絡首爾。

京釜線
冬天泡湯避寒路線

連接首爾與釜山兩大城市的主要交通。釜山為南部最大城市、港口，有美麗海岸線，為夏天旅遊勝地。路線上的天安牙山站，為前往知名溫泉勝地──溫陽溫泉、道高溫泉的車站，距首爾1小時多，為冬天泡湯熱門路線。

中央線
看世界文化遺產路線

連接首爾與古新羅首都──慶州，沿線上沒有大城市，均沿著東部山嶽而行，當時是為了戰爭時運送物資而考量，如今已成為到慶州的主要旅遊工具。慶州有「無圍牆的博物館」之稱，古蹟多，石窟庵、佛國寺更被列入世界文化遺產，深受外國遊客青睞的文化旅遊線。

湖南線
秋天賞楓路線

連接首爾市與全羅南北道，為韓國最長的鐵道路線。路線最熱門的季節為秋天的「內藏山」賞楓專車，早上搭乘KTX至井邑站，再轉乘公車或計程車進入內藏山，當天可以來回。泡菜故鄉光州也在這條路線上。

嶺東線、太白線
跨年迎曙光路線

為江原道主要鐵道幹線，須靠「中央線」銜接首爾。沿線有好幾個國家公園、滑雪度假村，冬天雪季活動多，春天江陵市可賞櫻，東海夏日可戲水，為超級旅遊路線。嶺東線沿海岸而行，風景優美，鐵道公司還推出半夜行駛的「正東津日出列車」，跨年迎接第一道曙光。

搭乘地鐵

首爾地鐵載運量世界前五大，一天可達400萬人次。

首爾地鐵系統

首爾地鐵的營運範圍不斷擴大，從首爾市輻射至仁川、京畿道、忠清南道、江原道。看一眼地鐵圖，當下可能會覺得繁雜難懂，但其實搭車與轉乘都相當便捷。除了基本的1～9號線外，還有連接特定地區的路線，如機場的機場快線、京畿道的京義線、春川的京春線與愛寶樂園的愛寶線等，每條線路都有特定的顏色和名稱，只要在地鐵圖上把目的地點圈起來，就可以迅速看出該搭乘哪一條路線以及如何轉乘。

A.地鐵站號碼
B.韓、英、中文站名
C.前往下一站的站名、號碼

首爾地鐵路線圖
pse.is/5uscvv

主要的搭乘路線

1號線：最重要的交通路線

首爾第一條地鐵線，有多條支線，猶如一個小型的地鐵網絡。北至城北、議政府，南可到京畿道的水原、天安等旅遊城市，東接仁川地鐵。

2號線：使用頻率最繁忙

為市區環狀線，加兩條支線。行駛地點包括市政廳、東大門運動場、三成、首爾大學、新村等地，可轉乘所有地鐵路線，所以是使用頻率最高的路線。

3號線：旅遊古宮必乘路線

連接首爾西北部的高陽市與首爾江南地區，途經首爾中區、鍾路等商業區，主要停靠站有景福宮站、安國站、乙支路三街站、狎鷗亭站、南部巴士客運站。

4號線：連接郊區至首爾市中心

連接東北方的蘆原、倉洞，穿越市中心區商業區，往南至京畿道的果川、安山等地，主要停靠站有惠化、東大門、明洞、首爾火車站、新龍山站、首爾大公園等。

5號線：連接機場鐵路至仁川機場

東西向橫貫首爾市，西可至金浦機場，並連接機場鐵路至仁川機場；東則至首爾江東區，中途穿越漢江中的汝矣島，為政經、航空交通的重要路線。

6號線：串連鐵路中央線、京春線

路線呈U字型，只行駛於江北，途經早期美軍駐地梨泰院，西北角的鷹岩循環是首爾地鐵唯一的一段單線道，以逆時針方向運行。

7號線：熱門韓劇交通動線

幾乎沿著1號線東方平行行駛，沿途沒有穿越市中心，目的在於紓解1號線的交通人潮。京春線開通後，從上鳳站轉乘即可前往春川市，成為韓劇迷必搭的路線。

8號線：一般遊客少用

主要行駛於首爾市東南部和京畿道的城南市，一般遊客很少有機會使用到。

9號線：最重要的交通路線

首爾第一條BOT私營地鐵。串連江南與金浦機場、仁川機場的交通，中途貫穿首爾政經中心——汝矣島、國會議事堂。

地鐵票價

2023年4月起，刷交通卡的地鐵票價為₩1,550，購買單程票為₩1,650。青少年（13歲以上，未滿18歲）使用交通卡的地鐵票價為₩720；兒童（滿6歲以上，未滿13歲）使用交通卡的地鐵票價為₩350。另根據不同距離再額外計算：10～50公里內，每5公里加₩100；50公里以上，每8公里加₩100。

首都圈內、外連續使用時，先以首都圈內的計費方式計算後，再用首都圈外計費方式計算。特殊區間內，每4公里加₩100。不管搭乘地鐵或巴士，上下車時都需要刷票，才能享有轉乘優惠。

行家祕技　大地鐵站可寄放行李

在首爾火車站、龍山站、清涼里站等地鐵1～4號的大站，幾乎都設有置物櫃，到外地旅行時，可將部分行李暫時寄放於此。機器有中文介面，依照指示操作即可，要記住密碼和寄物箱號碼，以免無法取回物品。若寄放時間與投入金額不符，在取出時會被要求補足差額，可用T-Money交通卡付費。

搭地鐵步驟 Step by Step

Step 1 購票

確認乘車路線和地鐵站名，在地鐵站的售票處上方有地鐵路線圖，也有免費地鐵圖可拿。可在人工售票處（有些站已不提供）、自動售票機購票。使用T-Money交通卡可直接搭乘，無須購票。

A.下一個停靠站 / B.列車開門方向

Step 2 進站搭車

選擇有箭頭指示的閘口，將車票放在感應器上感應，即可進入車站。沿著地鐵顏色指標，前往正確的月台。

Step 3 確認列車乘車方向

仔細查看列車行進方向，以免搭成反方向，通常會顯示該方向終點站的站名。車廂內也有電子顯示器和英文廣播。

A.路線號碼 / B.行進方向 / C.目前所在車站 / D.沿途可轉乘其他路線 / E.沿途停靠站 / F.下行 / G.上行

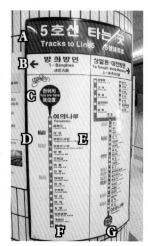

Step 4 轉乘

在地鐵內轉乘，下車後不用出站，沿著欲轉乘路線的顏色指示，以及指標「___號線 갈아타는곳」（幾號線換乘）前往乘車月台，記得確認列車行駛方向再搭車。若是轉乘輕軌，因為地鐵與龍仁輕軌、議政府輕軌的站體不相連，必須先刷卡出站，再依指示轉乘。

Step 4 出站，退回保證金

大的地鐵站出口有時多達十幾個，下車後先找出口地圖，確認距離目的地最近的出口，韓文的出口寫作「나가는 곳」。若持一次性車票，記得要到可退保證金的站內加值機（Fare Adjustment and Card Reload Machine），插入車票後，取回保證金（₩500）。

貼心 小提醒

注意不同的出入口的搭乘方向

　　有些地鐵站不同的出入口搭乘方向也不同，要看清楚方向再進站；若不幸進錯方向，刷卡入站的地方有一個與站務人員溝通的「綠色按鈕」和進出鐵門，按下按鈕告知進錯方向後，即可推門出站，並在另一個方向以同樣方式入站，不需重新刷卡出入站。

行家祕技

如何補票

　　持一次性交通卡者如果坐過頭，或臨時改變下車地點，導致車費增加，就必須補足金額。此外，搭車時T-Money交通卡的金額不能低於0，出站時若發現金額不足，也必須在站內補足後才能出站。這時就要使用站內的加值機（Fare Adjustment and Card Reload Machine）。

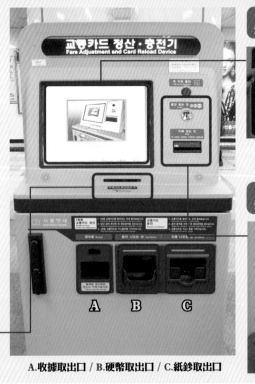

2 Step 選擇要加入的金額

3 Step 放入紙鈔，等待加值完畢

1 Step 將交通卡放在指定的位置上，並選擇使用中文介面

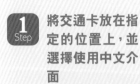

A.收據取出口 / B.硬幣取出口 / C.紙鈔取出口

自動售票機購票步驟 Step by Step

Step 1 選擇語言，票種

需先點選中文介面，再點選左邊的「一次性交通卡」（即單程票）。

Step 2 選擇欲前往的車站

選擇車站，依照螢幕上呈現的中文站名，點選要去的車站名稱。

Step 3 選擇張數，付費取票

選擇你要購買的車票張數。待左邊出現票價、交通卡押金、合計金額後，將錢投入投幣孔，取出車票和找回的零錢。

▲ 單程票

搭乘公車

公車路線錯綜複雜，建議使用Naver APP輔助。

對於不懂韓文的旅人來說，要弄懂首爾複雜龐大的公車路線並不容易，加上市區經常塞車，除非必要，不建議搭公車。若略懂韓文者，可使用Naver App(請參閱P.25)，只要輸入目的地，就會秀出適合的公車號碼、上下車站牌、所需時間、行經路線等資訊，以及如何利用地鐵與公車接駁，非常好用。

首爾市公車
http topis.seoul.go.kr/map/openBusMap.do

辨別首爾公車顏色

	行駛區域	車號
藍色	主幹線：行駛首爾市區主要地區	3碼
綠色	支線：行駛單一區塊	4碼
黃色	循環線：行駛主要商業區	2碼
紅色	連結線：連結首爾市區與近郊	4碼

＊資料時有異動，請以官方公布的最新公告為準

貼心 小提醒

搭乘公車注意事項

由於T-Money卡金額不能低於0，公車上普遍沒有加值機，搭乘公車前，請先確認餘額是否足夠。

全面停用現金，請務必準備好交通卡。

搭乘公車有個潛規則：前門上、後門下。

全面禁止攜帶無蓋飲料上車，否則將無法搭車。

搭乘公車步驟 Step by Step

Step 1

確認公車號碼

在公車站牌處確認欲乘坐的公車號碼。

A.公車號碼 / B.距離到站時間 / C.公車號碼看這裡

Step 2

上車刷卡

將T-Money交通卡放在感應器上感應，₩1,500起，依路程遠近收費。

Step 3

按下車鈴

下車鈴在窗戶旁邊的紅色按鈕。

Step 4

後門下車

持T-Money交通卡者須在後車門處再感應一次。

交通票券大解析

搭地鐵與公車超好用。

在韓國要搭乘地鐵與公車等交通工具時，雖然可以購買單程票，但是多半會使用T-money交通卡，可在便利商店購買到。由於T-money交通卡本身只有交通與部分購物的功能，所以最近更流行WOWPASS卡，兼具貨幣兌換並直接存入的功能，相當便利。兩種卡都可以在地鐵站用儲值機儲值，且都有中文介面，非常方便。

W100，青少年加收W80，兒童加收W50。

雖然卡片有基本費，但還是比單次車票划算，而且使用單次車票需要退保證金，若沒當場進行退款，車票一旦遺失就不能退回，尤其卡片還能省下排隊買票的時間。

使用範圍以首爾為主，仁川、大田、釜山、大邱等地的巴士也能使用，但如果沒有加值點，就算有卡，裡頭沒有錢也沒轍。

T-Money交通卡

首爾人最常使用的交通卡，類似台北捷運悠遊卡，結合電子錢包功能，搭地鐵、公車、機場鐵路、特約商店、部分計程車、公共電話，甚至觀光景點門票（景福宮等）都能使用。

可在仁川機場的便利超商、地鐵站、貼有「T-Money」標誌的路邊書報亭、GS25、CU、7-11等地購買。一般卡片型的價格為W3,000，其他造型卡片W5,000起跳，卡片費用不能拿回來。

每張卡限一人使用，不能多人共用。可在地鐵站或購買時直接儲值，單次儲值最少W1,000，最多W90,000，總額上限50萬韓元。

目前不管搭乘地鐵或巴士，都適用大眾運輸綜合轉程折扣，地鐵與巴士總和搭乘距離於10公里內只收取基本費用，超出後每5公里，成人加收

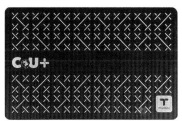

T-Money
http www.t-money.co.kr

貼心 小提醒

餘額退款需收手續費

儲值在T-Money內的錢(不含卡片費)，到離開韓國前還沒用完，可到上述購買處要求退回餘額，但需扣W500手續費，若餘額超過W20,000，則必須到T-Money總公司退款，所以還是別一口氣放太多錢進去。若還有計畫再來韓國，建議不要退款，將卡片帶回國，下次再使用。

WOWPASS卡

WOWPASS是旅遊韓國的萬用卡，不僅具備兌換貨幣的優越便利性，更兼具交通卡與刷卡功能，爲使用者帶來極大的方便。

其優勢之一，在於能夠透過各大地鐵站的WOWPASS機台享受到優惠的匯率，選擇現金或直接存入WOWPASS卡內，將外幣快速兌換成韓幣。此外還可作爲平時的交通卡使用，無論搭乘地鐵或是在有晶片刷卡機的商店消費，都不再需要攜帶大量現金。近期更開發了可以透過信用卡換錢儲值的功能。

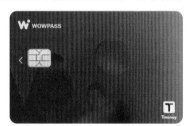

查詢WOWPASS機台位置

http www.wowexchange.net/exchange/location/list?
lang=zh_TW

M-PASS

發行T-Money的韓國SMART CARD公司，專爲旅客設計的交通定期券，同樣爲一人一卡使用，使用時間只算到購票當天晚上12點爲止。無論搭地鐵還是公車，最多可搭20次。卡片需付押金₩4,500，外加₩500手續費，押金可在離境時，於仁川機場內的旅遊諮詢中心退還卡片時取回，手續費則不可取回。

■**適用**：首爾地鐵、機場鐵路、仁川地鐵、首爾支幹線公車(首都地區廣域公車、新盆唐線、京川線、ITX不可使用)。

■**購票地點**：首爾站10號出口首爾城市塔1樓(平日09:00～18:00)。

■**儲值地點**：與T-Money相同。

Seoul Citypass +

爲SEOUL CITYPASS的升級版，交通卡的功能與T-Money相同，儲值方式也一樣，差別在於部分觀光景點、餐廳可享有折扣，搭乘首爾觀光巴士享95折優惠。購買時會附上優惠手冊。若卡片中有餘額要退款，須收₩500手續費。

■**適用**：與T-Money相同。

■**購票地點**：首都圈內GS25便利商店、旅遊諮詢中心或地鐵站。

■**卡片費用**：3,000韓元。

行家祕技　釜山交通卡Cashbee

「遊首爾用T-Money，到釜山用Cashbee」，和T-Money分庭抗禮的Cashbee交通卡，是由韓國樂天集團所發行。到南部如釜山等地旅遊，在超商和地鐵買到的幾乎都是Cashbee，在全國貼有Cashbee標誌的7-11、Buy the way便利超商、地鐵站都能加值，而且全國各地的公車，和首爾、釜山、大邱的地鐵，以及部分計程車都能使用，反而成爲旅遊外地更好的選擇。

Cashbee卡片費爲₩2,500，另外，用Cashbee在樂天集團下的特約商店消費，還可享有不定期的優惠。

4種交通票券比較

	單次車票	T-Money	M-Pass	Seoul Citypass+
費用	■卡片須收保證金₩500 (可退還) ■基本車資₩1,500	■卡片₩3,000(不退還) ■基本車資₩1,400	■1日券₩15,000 ■2日券₩23,000 ■3日券₩30,500 ■5日券₩47,500 ■7日券₩64,500(使用後不退款)	■卡片₩3,000，使用後不退還，無使用期限 ■基本車資享5%優惠
適用	■使用地鐵、巴士低於25次者	■使用地鐵、巴士高於25次以上者 ■想省麻煩者 ■以後還會再到首爾旅行者	■主要以首爾地區旅遊為主 ■行程排很密，一天內會搭乘地鐵、巴士超過8次以上者(最多限乘20次)	■使用地鐵、巴士高於30次以上 ■用其他優惠高於₩3,000者 ■以後還會再到首爾旅行者
缺點	■得花時間去退卡，才能拿回保證金 ■每遺失一張就損失₩500	■停留時間不長者不划算 ■退款得扣₩500手續費	■一般旅行者不會在一天之內搭到8次地鐵、巴士 ■若行程規畫會到首爾以外的地方旅行，不適合買天期太長的日券 ■日券費之外，要加₩4,500的押金和₩500的手續費。離境時可取回押金	■對停留時間不長，且不會再到首爾的人不划算
期限	限當次	無	晚上12:00一過即失效	無

＊資料時有異動，請以官方公布的最新公告為準

交通卡儲值步驟 Step by Step

Step 1 放上交通卡

　　T-Money卡放在指定位置(左圖圈起處)；WOWPASS卡的加值位置和T-Money一樣，不過根據機器，有時候會長得不同。

Step 2 選擇語言、儲值

　　先選擇中文介面，再選最右邊的「交通卡充值」。

Step 3 選擇儲值金額、付款

Step 4 領取收據

住宿篇
Accommodations

旅行韓國，有哪些住宿選擇？

韓國的住宿種類非常多元，有世界級的六星級高級飯店，交通方便的商務連鎖飯店，

也有價格低廉的小旅館、民宿，更有傳統的韓屋式民宿，

提供想深入體驗韓國生活文化的遊客選擇。

房間種類與使用習慣

大部分的飯店、旅館都分有洋式房和韓式房,有些甚至只有韓式房。

洋式房

　　床是西式的彈簧床,所以稱為洋式房。冬天會在床上多鋪上一張電毯當作床墊,可控制溫度,如果太熱先別硬睡,以免睡到半夜滿頭大汗。

韓式房

　　韓國傳統式的房間,韓文直譯叫做「溫突房(온돌방)」,也有人稱為「火炕房」,是古時為了因應冬季嚴寒的氣候所發展出來的房間——在房子底下留個燒柴火的空間,讓地板發燙以保持室內溫暖。現代的韓式房是將新式的電暖氣傳熱設備埋設在地板下,同樣保有火炕的功能。

　　韓式房間沒有床,因為火炕就是床,睡覺時只需將棉被鋪在地板上當睡墊。韓式房地板的溫度通常由中央控制,沒辦法每個房間調整,萬一地板太熱不妨再墊上一床棉被以隔絕熱度,同時衣服也不要穿太厚。

　　不論高級飯店或是小旅館幾乎都有韓式房,韓國人多半都會選擇住韓式房,因此總是比洋式房先一步客滿。

💗 貼心 小提醒

進房之前先脫鞋

　　除了大飯店以外,一般韓國的房間地板底下都埋有管線導熱,冬天時踩在上面就不會冰冰的,所以進門之前一定要先脫鞋才能踩上地板。

住宿類型

韓國的住宿種類相當多樣化，能滿足任何需求的旅客。

飯店

　　韓國飯店的分級制度原本採國花無窮花作為標誌，為了避免外國觀光客混淆，從2015年開始，全面與世界同步，將無窮花等級制度更改為國際通用的星級制度。同樣也是分1～5星級，星級越高代表飯店的設施和服務品質越好。

　　5星級的房價至少20萬韓元起跳，另有公寓式飯店提供旅客長住，租一天也要15萬韓元以上。房價通常不包括早餐（須另外付費），收看電視和日本一樣，分為有料（需付費）、無料（免費），房內的網路、電話、冰箱裡的飲料都須付費。Check-in時，飯店會先刷一筆空白的信用卡帳單，退房時若有使用付費物品，會付上帳單。

　　3星以上的飯店大多都提供網站訂房，不過，與其自己上網訂房，不如透過台灣經營韓國線的旅行社幫忙代訂，可拿到比較優惠的價格。或參加航空公司推出的機＋酒自由行套餐，也能以較實惠的價格住進高級飯店。韓國飯店沒有收小費的習慣。

度假村飯店

　　在韓國最典型的度假村型飯店就屬滑雪場度假村，共有13家，均為5星級，除了大型的滑雪場外，游泳池、高爾夫球場等設施齊全，四周風景也非常優美，度假環境一流。提供多樣的住宿型態，除了一般房間外，還有適合全家大小同住、附有廚房與客廳的家庭式客房，以及一大群年輕人共宿的青年旅館。

　　冬天假日，度假村型飯店常爆滿，如果想體驗住在滑雪場的滋味，一定要提早訂房。

一般旅館 / Motel

中小型旅館是韓國人旅行最常投宿的地方，也是不少外國背包客的選擇。無論是繁華的首爾市區，還是小鄉鎮，到處都有它的身影，多半集中在巴士總站、火車站、觀光區附近，通常叫做「旅館（여관）」或是「Motel（모텔）」。「Motel」和台灣的汽車旅館不太一樣，反而比較像是賓館，雖然是這麼稱呼，但女性朋友也別害怕，大部分都是正派經營，不含粉味。

因為數量還挺多的，所以不需要事先預訂，對行程不固定的背包客來說非常方便。由於價位低廉，房間設備當然也就不能苛求，不過，該有的也都有，吹風機、暖氣、小冰箱、浴室等設備一應俱全，沐浴乳、洗髮精、牙膏也有，多半是家庭號的那種，注重個人衛生的最好自己帶。另外，因為多季氣候乾燥，幾乎所有的房間都會貼心的準備一大罐乳液。

價格也會因淡季和旺季而有差別，大部分都不能刷卡，需付現金，想要以這種小旅館為旅行主要住宿方式的遊客，最好多帶點現金。如果住的天數比較長，甚至還有跟老闆討價還價的機會。

民宿 / Guest House

居民將住家改建成營業的小旅館，韓國稱之為「民泊（민박）」，房間數量不多，設備多半也很簡陋，幾乎都是韓式的火炕房，有的廁所還在外頭。吹風機等用品可跟主人借，價格很便宜，只要20,000～30,000韓元。

鄉下名勝風景區的民宿多為家庭式，有的是餐廳兼做民宿，業者多半是歐里桑、歐巴桑，雖然不會講英文，但都很親切，比手畫腳也能通。都市裡的民宿則形式非常多樣，業者多半有外語能力，全韓國近千間的民宿，光是首爾就占了一半，不妨仔細挑選。

還有一種叫做Guest House，是套房分租的概念，有的是自家房間，有的規模如同小旅館。有些Guest House由傳統韓屋人家經營，旅客可體會住在韓屋中，睡在火炕上。這裡推薦兩間首爾的民宿供挑選。

明洞COMO民宿

地鐵4號線，明洞站

🌐 www.mdguesthouse.com
@ bravoinn@yahoo.co.kr
✉ 首爾特別市中區退溪路24街12
☎ 02-755-5437

27號街Guesthouse

地鐵2號線，弘大入口站

🌐 www.wehome.me/rooms/2010584
@ deceight@naver.com
✉ 首爾特別市麻浦區臥牛山路27街64-3 1樓

住宿篇

商務旅館

　　韓國是全球科技業、遊戲軟體業重鎮，每年有高達500萬以上的外國遊客、商人進出，法國知名商務飯店IBIS、美國Best Western紛紛進駐，在各城市廣開分店，也有不少韓國旅館業者加入戰局。為解決客房數嚴重不足的問題，韓國政府還計畫把Motel改造成為經濟型旅館。

　　多數商務旅館不如飯店般氣派，公共休閒設施較少，房間也不大，好處是價格合理，近地鐵，不只商務客愛，也深受外國遊客青睞。

平價旅館這裡查

韓國觀光公社
　　從平價青年旅社到度假村、首爾到釜山，住宿資訊皆可查詢。

青年旅館

　　韓國全境總共有52間青年旅館，房價雖然低廉，但缺點是大部分都位在較偏遠的地區，交通較不方便。以首爾市為例，只有位在南山半山腰的Seoul International YH最近市中心，因此經常客滿。另外，「奧林匹克公園飯店」（Seoul Olympic Parktel）內附設的Young House，設備比起一般的YH要好很多，也是全韓最高級的YH。如果你只是純粹想省錢，而不是喜歡和各國朋友交往，要留意有些YH一床的房價已經相當於小旅館一個房間的價格，倒不如住小旅館還比較划算。

韓國青年旅館聯盟
http www.kyha.or.kr

行家祕技　全州韓屋體驗：納比贊韓屋

　　從全州韓屋村小巷進去，會看到一個非常美麗的庭院，這裡就是納比贊韓屋(나비잠)，韓屋呈現L型，一進入韓屋便有濃郁香氣，踩在木板地上，陽光微微透入，心情會變得非常好喔！房間分布於1、2樓，有分地鋪與床兩種房型，非常乾淨整潔，附有所需備品。

http www.nbz-hanokhotel.com/index.php
📞 010-6285-7683

決定住宿及預訂

掌握行程所需交通，以及機場往返的便利性，就能決定住宿地點。

決定住宿點

　　首先準備一張地圖，先把自己想要去的觀光景點都標示出來，只要旅遊過程中的距離，以及往返機場的時間與便利性，就能很快決定出要住宿的地點了。接著尋找符合預算與期待的房間進行預約即可。旅遊旺季如櫻花季、賞楓季最好先預訂，各城市的旅遊服務中心可以代訂。

　　以首爾為例，假設活動範圍都靠近新村、弘大、望遠一帶，可考慮有機場巴士、機場鐵路經過的弘大，有相當多的飯店、民宿可以選擇。此外，明洞、東大門、新村這幾個地區也是許多旅客的選擇。首爾住宿的平均價格約新台幣1,000～11,000元，根據地點、房型種類而有差異。

預約訂房平台

　　目前熱門的訂房網：Booking.com、Agoda、AsiaYo，通常每個平台都可以找到一樣的住宿，價格上可能會有一些差異，或有不同的退款政策，建議仔細比較同房源在不同平台上的規定與費用。AsiaYo比較特別的是，沒有一般酒店的房源，多半是設計別致的民宿，較能找到符合人數需求又溫馨舒適的房間。

Booking.com

　　提供眾多選擇，包括飯店、旅館、公寓等，優勢在於廣泛的房源覆蓋範圍。通常有不同的取消政策，預訂前最好仔細閱讀條款和條件。

Agoda

　　提供眾多住宿選擇，包括飯店、度假村和民宿，有豐富的評價和意見回饋。時常推出促銷和優惠，預訂前最好檢查是否有可用的折扣碼。

AsiaYo

　　專注於亞洲地區的線上訂房平台，優勢在於獨特而多樣化的住宿，有機會體驗當地風土人情。

訂房注意事項

- ■注意房源位置，確保距離計畫參觀景點合理。
- ■仔細檢查設施和服務，確保符合需求。
- ■注意訂房價格是否包含稅金和其他額外費用。
- ■確認評價，獲取其他人的真實體驗反饋。
- ■留意促銷活動，可能有機會獲得優惠的價格。
- ■確認取消政策，以免因行程變動而發生問題。
- ■避免使用不明來歷的第三方付款方式。
- ■確認預訂後是否會收到確認郵件，以確保預訂成功。

好用單字 指指點點

常用單字

旅社 여인숙 yeo-in-sook
旅館 여관 yeo-gwan
飯店 호텔 ho-tel
櫃台 프런트 front
單人房 싱글룸 sin-geul-room
緊急出口 비상구 bi-sang-gu
雙人房(雙人床) 더블룸 du-beul-room
雙人房(兩張單人床) 트윈룸 twin-room
有床的房間 침대방 chim-dae bang
沒有床的房間(韓式) 온돌방 on-dol bang
餐廳 식당 sik-dang
電梯 엘레베이터 e-le-bei-tu
廁所 화장실 hwa-jang-sil
大廳 로비 ro-bi
今天 오늘 o-neul
明天 내일 nae-il
昨天 어제 u-jae
星期幾? 무슨 요일이예요?
　 Moo-seun yo-il i-ye-yo?
星期日 일요일 il-yo-il
星期一 월요일 worl-yo-ll
星期二 화요일 hwa-yo-il
星期三 수요일 soo-yo-il
星期四 목요일 mok-yo-il
星期五 금요일 geum-yo-il
星期六 토요일 to-yo-il
0 영 young
1 일 il
2 이 i
3 삼 sam
4 사 sa
5 오 o
6 육 yook
7 칠 chil
8 팔 pal
9 구 goo
10 십 sib
100 백 baek
1,000 천 cheon
10,000 만 man
100,000 십만 sib-man
1,000,000 백만 baek-man

實用會話

先生(稱呼已婚、未婚／老闆) 아저씨 a ju ssi
小姐(稱呼未婚女性) 아가씨 a ga ssi
太太(稱呼已婚女／老闆娘) 아주머님 a ju mo nim
哥哥(男性稱男性／女性稱男性) 형／오빠 hyung／o-bba
姐姐(男性稱女性／女性稱女性) 누나／언니 nu-na／un-ni
是／不是 네／아니요 ne／a-nio
你好嗎? 안녕하세요? an nyeong ha se yo?
謝謝 감사합니다 gam sa ham ni da
不好意思 실례합니다 sil rye ham-ni-da
對不起 미안합니다 mi an ham-ni-da／
　 　 죄송합니다 joe song ham-ni-da
沒關係 괜찮아요 gwaen cha-na-yo
不客氣 아니예요 Ah ni e yo
再見(針對要留下的人) 안녕히 계세요 An nyeong hi gye se yo
再見(針對要離開的人) 안녕히 가세요 An nyeong hi ga se yo

如果來台灣的話,請跟我聯絡
만약 대만에 오시면 제게 연락 주세요
Man-yak dae-man-e o-si-myun jae-ge yun-rak ju-se-yo

今天真的非常感謝 오늘 너무 감사했습니다
O-neul neo-moo gam-sa-haet-seumni-da

初次見面,請多多指教 처음 뵙겠습니다.잘 부탁 드립니다
Cheo-eum boep-get-seum-ni-da

幸會 만나서 반갑습니다 Man-na-seo ban-gap-seum-ni-da

很高興認識你 알게 되어 기뻐요 Al-ge-dwae-eo gi bbeo yo

我叫＿＿＿ 제 이름은＿＿＿임니디 Jae i-rem-eun ＿＿＿ im-ni-da

可以告訴我你的名字嗎? 성함이 어떻게 되세요?
Sung-ham-i u-ddu-ke dwae-se-yo?

我是從台灣來的 저는 대만에서 왔습니다
Jeo neun dae-man-e-seo wat-seum-ni-da

我今年＿＿＿歲 저는 올해＿＿＿살 입니다
Jeo neun ol-hae ＿＿＿ sal im-ni-da

飲食篇
Gourmet

在韓國，吃哪些道地美食？

韓國飲食主要以鍋、湯類為主，佐以醃漬食品，最大的特點莫過於「辣」這一味。

儘管受到中、日兩國殖民影響，卻也發展出獨樹一格的飲食文化、習慣、禮儀，

有在地料理餐館、平價連鎖店，也有許多新潮咖啡館，就等你探索。

用餐須知

韓國料理以辛辣為主,大部分的料理都是紅通通的,不過並不會很辣。

韓國人用餐習慣與台灣相當類似,主食以白飯為主,配菜則較像日本人,幾道醃漬小菜、泡菜,加上一大鍋辣湯。當然也有少數不辣的,例如人蔘雞湯、雪濃湯等湯品。

用餐時間、地點也與台灣大致相同,一天三餐外加消夜,餐館、小吃攤、路邊攤隨處可見,任何時候都不用擔心會餓著。不過,韓國的餐飲物價比台灣要貴,小吃店的飯、湯、麵類約₩6,000起跳,即使是路邊站著吃的攤販,最少也要₩3,000起跳。有一點好處是,不論是沒沒無名的小店,或是名聲響亮的人氣餐廳,口味都不錯。

用餐禮儀

- ■吃飯前要說開動(잘 먹겠습니다 Jal meok-get seuminida),吃飽後要說謝謝招待(잘 먹었습니다 Jal meok-gut seuminida)。
- ■以飯就口,切勿將碗盤端起進食。
- ■碗盤、餐具擺放方式有一定的位置,用餐時一次只拿一種餐具。
- ■與長輩一起用餐時,需等長輩先動筷子,並依照長輩用餐速度用餐。
- ■與長輩同桌飲酒時,年輕的一方要別過頭喝。

點菜

大部分的餐館,菜單上都有圖片可供參考,只要用手一指就OK了。部分人氣較旺的店,甚至還有大陸來的中文服務生,以應付近幾年來大批的中國和台灣觀光客。小吃店、和座位式的帳篷攤子點菜比較困難,若有想吃的食物,先上網或將書中的圖片拍下來,再秀給店員看,或者看旁邊的韓國人吃什麼,跟著點一樣的也行。

餐具

韓國人沒有使用免洗餐具的習慣,餐廳內一律使用不鏽鋼製的筷子、湯匙。餐廳內都會有飲水機,免費自行取用,杯子均會放在紫外線殺菌機裡,部分店家還會提供免費的咖啡。

行家祕技

韓國料理特殊吃法

1 拌飯一定要拌

拌飯顧名思義就是要「拌」，拌得越勻越好吃，讓每一口都有豐富的滋味。拌冷麵也是同樣的道理。

2 喝鍋巴水

秋冬時節，韓國人會把拌好的拌飯舀到另一個碗裡，在石鍋內倒上一壺煮開的洗米水，軟化石鍋內的鍋巴，

就成了配湯，稱為「鍋巴水(숭늉)」，為入秋過冬必飲的庶民湯品，滋味很像稀粥。

3 泡菜無限續碟

在外用餐無論點什麼菜，店家都會免費附贈2～3盤不同的泡菜，而且吃完了還可以再要。

4 鍋跟湯，傻傻分不清

湯類中稱為「鍋」的，湯汁較濃稠且鹹，需配白飯；叫做「湯」的，才是一般正常的湯，味道較稀、淡。

5 烤肉要包著生菜吃

韓國人吃烤肉通常會用生菜(상추)、芝麻葉(깻잎)把肉包起來，再加點大蒜(마늘)、豆瓣醬(된장)、泡菜(김치)、青辣椒(고추)，有的還會加白飯(밥)，全部包在一起吃，這樣的吃法比單吃肉更有健康觀念，也比較不容易膩。

6 蔘雞湯＋人蔘酒

到餐廳吃蔘雞湯(삼계탕)時，一定會附上一小杯的人蔘酒，吃的時候記得要倒入雞湯中，滋味會更補，如果不習慣酒味，不倒也無妨。

7 剪刀到處用得到

吃烤肉、炒雞排、冷麵一定得用到它。烤肉、雞排通常是一大片先烤，烤到差不多時，服務生會來幫忙剪成小塊狀；冷麵因為很有彈性，太長不方便食用，服務生會在菜上桌後，拿剪刀把麵剪成一段一段的。

用餐種類

在韓國，無論是在傳統的韓食餐廳、連鎖店或是小吃路邊攤，統統不會失望！

韓定食餐廳

韓國料理中最高級的飲食就屬韓定食，專賣韓定食的餐廳都很高檔，通常是政商名流宴客的地方，幾乎都需要事先預約。一套韓定食多達10道菜，有一定的上菜順序，吃到最後幾乎整張桌子都被菜餚堆滿，邊吃邊喝，等到最後一道甜點上來，至少也要1.5小時左右。

部分韓定食餐廳現場還會有傳統韓國舞蹈、農樂表演，所以到此類餐廳用餐，一定要有充裕的時間。要注意的是，韓定食只提供2人以上食用，1個人就算願意付2人份也不給吃！

一般餐廳

韓國街道上大大小小的餐廳相當多，不只韓國料理，異國料理也很多。一般餐廳、小吃店裡，拌飯、拌冷麵、拉麵、豆腐鍋、泡菜鍋等幾乎是菜單的主角。也有許多專賣料理店，比較特殊的像是部隊火鍋、人蔘雞湯、雪濃湯、餃子湯、傳統粥等。

另外，某些料理甚至還發展出飲食街，一整條餐廳都賣相同的料理，例如首爾市內的新堂洞辣炒年糕街、獎忠洞豬腳街、江原道春川的炒雞排街、江陵的嫩豆腐鍋街等，有趣的是，這些聚集在飲食街上的餐廳，店名都會冠上「元祖媽媽」，全都號稱是創始老店，要怎麼選擇？看人氣是不二法門！

豆知識
無窮花圖樣

餐廳外掛有這朵無窮花圖案的，經過政府評比保證，走進去絕對錯不了；最讚的是不見得很貴，也有不少平價的餐廳。

叫外送

不少餐廳、速食店有提供外送服務，餐點多半是炸醬麵、炸雞，若不想出門，可以嘗試打電話叫外賣。若怕溝通不良，可以請飯店或旅館業者、民宿主人幫忙打電話，體驗韓國獨特的外送文化。

中華料理店

中華料理在韓國也十分熱門，有高級餐廳，也有一般小吃店。當中最受韓國人青睞的就屬黑乎乎的炸醬麵，另外，糖醋排骨、麻婆豆腐、餃子等，也是熱門菜色。小吃店的價格不貴，還有外送服務，不少忙著顧店走不開的店家、門市服務員，中、晚餐都會點炸醬麵裹腹。首爾近郊的仁川市的中華街，就是炸醬麵傳進韓國的發源地。

烤肉餐廳

在韓國的烤肉店大多數為豬或牛的單一肉種專賣店， 一般來說，牛的價位較高，豬的價位較低，但不代表烤牛一定比較好吃，烤豬就不好吃，其實還是在於肉質新鮮度與部位。通常吃烤肉時會附上各式生菜，讓你包烤好的肉吃，也可加點大醬湯或冷麵。

路邊攤

韓國的帳篷攤子(포장마차，直譯為：包裝馬車)可說是亞洲路邊攤的經典，夜晚的大馬路中央，幾張桌椅一擺，炊具一放，再蓋上塑膠篷子，就能大刺刺的做起生意。各式各樣的路邊攤，有的有座位，有的必須站在攤子前吃，賣的食物也是琳瑯滿目，煎餃、煎餅、熱狗、各類肉串、香腸、辣炒年糕、黑輪、蝦捲，還有以熱炒類為主的，例如炒雞丁、炒雞心、炒雞肝、燙魷魚等下酒小菜，另外也有烏龍麵、壽司等主食。它可說是韓國民眾最常光顧的「餐廳」，晚上和朋友喝酒聊八卦的地方。想體驗韓國庶民飲食文化，千萬不能錯過！

平價連鎖餐廳

連鎖平價餐廳主要販售飯捲與一人餐點為主，如飯捲天國（₩2,500起，價格因店面所在地而有不同），普遍都是24小時營業。另外神仙雪濃湯是喜愛吃牛的人的平價好選擇，價格從₩10,000～15,000起，全天候營業，隨時都吃得到。

飯捲天國 김밥천국

有300多家分店，集中在商業鬧區、學校附近

- http www.kimbabcheongug.co.kr
- 🕐 多數24小時營業，各家不一
  電話外送：09:00～20:00（一碗也送）
- 休 無休

神仙雪濃湯 신선설농탕

集中在各大鬧區、學校附近

- http www.kood.co.kr/koodci/shinsun/brand.html
- 🕐 24小時營業
- 休 無休

便利超商

韓國超商密集程度與台灣差不多，以GS25（以前為知名韓國電子大廠LG所經營）、CU、7-11最知名，分店最多。除了零食、餅乾、飲料，也提供三明治、便當、三角飯糰等食物，另外還有賣煮熟的白飯、糙米飯、鹽漬小菜、泡菜、辣炒年糕等，只要微波一下就可以吃了。

多數的超商會在角落放上一張檯子，讓顧客可以站著吃泡麵，店裡有提供熱水、廚餘垃圾桶，天冷時還能沖茶包。有些超商門口還有桌椅，供顧客休息歇腳。一般商店不會提供袋子，所以需自行準備或購買，價錢約₩100～250不等。

美食街

大型量販店、百貨公司內通常都會有美食街，提供各式各樣的簡餐、鍋類料理，價位比外頭的小吃店要來得貴一些，給購物民眾方便用餐。

必嘗經典美食

韓國美食種類非常豐富，與台灣人的口味偏好也很契合。

韓式料理從傳統的泡菜、醃漬小菜，到令人垂涎的大鍋辣湯，無一不展現其獨特的風味與魅力。尤其推薦品嘗道地的鍋湯，泡菜湯的酸辣清爽、大醬湯的濃郁香氣、部隊鍋的豐富滋味等，每一口都充滿著濃郁滋味。不吃辣的朋友也能選擇飯捲、雪濃湯等料理，可安心品嘗。

鍋類

【泡菜鍋】
김치찌개

台灣人最為熟知的韓式鍋類料理，食材豐富，有泡菜、肉片、多種蔬菜、海鮮等，夠酸夠辣。

【嫩豆腐鍋】
순두부찌개

江原道江陵市的代表料理。據說當地人用東海海水來浸泡黃豆，味道特別香甜。為吃出豆腐的原味，這道料理並未加辣，而是將特製的沾醬，加入搗碎的豆腐湯中。

【大醬湯】
된장찌개

豆醬是家家戶戶必備的調味料之一，似日本的味噌。在湯中加入豆醬，與豆腐、肉片、蔬菜、海鮮一起煮，散發濃烈的發酵香氣，湯很鹹，得搭配白飯一起吃。

【部隊火鍋】
부대찌개

據說是部隊士兵發明的，以火腿、香腸為主，加入拉麵、蔬菜、辣椒醬煮成的辣味火鍋，曾經在電影《我的野蠻女友》中出現，深受年輕人喜愛。

湯類

【排骨湯】
갈비탕

台灣的排骨湯是選用豬排骨，但韓國人卻是用牛排骨來燉煮，味濃爽口，營養價值高。

【辣牛肉湯】
육개장

韓國家庭中常見的早餐，又辣又燙的牛肉湯中一定會加入蕨菜乾和牛肉條，香辣過癮。

【雪濃湯】
설렁탕

又稱為「牛雜碎湯」，湯底是用牛骨和牛肉長時間熬煮而成，骨髓的精華完全流出，香濃又營養，放入白飯、蔥花、肉片。湯底可選擇牛排骨湯、牛肉湯、海鮮辣湯等。

【蔘雞湯】
삼계탕

一碗一隻童子雞，肚內塞有糯米、大棗、大蒜、人蔘，經過長時間燉煮，雞肉一劃就開，非常柔軟，人蔘味並不重，湯頭鮮美好喝。會附上一小杯的人蔘酒，倒入雞湯中，滋味會更補。

米飯類

【石鍋拌飯】
돌솥비빔밥

與全州拌飯的差別只在於盛裝的器具不同，因為用石鍋盛裝，鍋內抹有麻油，因此會產生鍋巴，米香四溢。

【傳統粥】
전통죽

韓國人和台灣人一樣也吃粥，作法差不多。南瓜粥、松子粥、芝麻粥、鮑魚粥等都是比較傳統的口味。韓國人在生病時也是吃白粥來休養身體。

【韓式紫菜飯捲】
김밥

有別於日式壽司，因烹調方式不同，造就獨特味道，是不可錯過的庶民小吃。原味飯捲有胡蘿蔔、醃蘿蔔、蔬菜、火腿等，最後必使用韓國特有芝麻油增添風味。

【韓定食】
한정식

宮廷御膳是韓國料理中最高級的飲食，有十多道菜。包括蒸、烤、燙、拌，另有粥、湯、神仙爐，食物清淡無辣，以接近原味的方式呈現。價格較高。

飲食篇

【全州拌飯】 전주비빔밥

韓國獨特的米食代表，發源於全羅北道的全州市，因此又名全州拌飯。在白米飯上鋪上黃豆芽、肉絲、泡菜、筍干、醃波菜等配料，與生雞蛋黃、辣椒醬充分攪拌而食之。正統的全州拌飯要到全州才吃得到，小菜多達16道，外加一碗湯，非常豐富，小菜均為泡菜、鹽漬、糖蜜等，一般小吃店裡的拌飯就沒這麼豐富。

麵食類

【水冷麵】
물냉면

加了冰塊的湯麵，對習慣熱食的台灣人而言，非常奇特。韓國一年四季都在賣，可不是夏天專屬，湯頭酸酸鹹鹹的。

【拉麵】
라면

就是韓國泡麵。韓國泡麵的麵體比較粗，需要用煮的，一般小吃店都有這道菜，有些會與年糕一起煮。價格非常便宜。

【麵疙瘩】
수제비

或許是受到中國東北人的影響，韓國麵食類的吃法都帶有熟悉的中國味。一口大小的麵疙瘩，彈性十足，用小魚熬煮的湯汁，鮮美滿足。

【拌冷麵】
비빔냉면

韓國最為獨特的麵類料理，以江原道的春川最有名。麵條Q彈，搭配小黃瓜絲、肉絲、蔬菜、水煮蛋及特製辣醬，又酸又辣很過癮。

【炸醬麵】
짜장면

炸醬麵是韓國人最喜愛的中華料理之一，炸醬汁帶有甜味，配料為馬鈴薯、洋蔥、豬肉，吃時要拌得整碗黑乎乎、油滋滋的，味道非常香。

【煎餅】
전

為韓國人在下雨天配上韓國米酒的必吃料理。因為煎餅內加入大量的蔥，也稱為蔥餅。海鮮、泡菜煎餅為常見口味。

【餃子】 만두

《大長今》裡曾經以「餃子」做為考題，可見餃子在韓國的歷史，古時卻是以「饅頭」相稱，至今韓文的唸法仍是音近「饅頭」。韓國的餃子有蒸的、煎的、炸的，也有湯餃；煎餃普遍來說都不好吃，湯餃滋味還不錯。明洞有家「明洞餃子」，湯餃中加入麵條和肉燥，非常有名。

醃漬類

【生醃蝦】
간장/양념새우

生醃蝦有醬油口味和辣醬調味2種，價錢沒有生醃螃蟹高，一開始是鄉下地方料理，現在已是一個在全韓國的韓食套餐店都普遍可見的飲食種類。

【生醃螃蟹】
간장/양념게장

生醃螃蟹為韓國醃製食品典型代表。有用醬油醃製的「醬蟹」，或是用辣椒醬、大蒜、洋蔥等醃成的「辣醬螃蟹」。少部分店家會做為免費小菜。

【泡菜】
김치

最具代表性的韓國食物，種類多達300多種，各地做法不同。到餐館吃飯不用單點泡菜，無論點什麼，都會免費附贈2～3碟的泡菜，吃完還可再請老闆加。

【斑鰩三合】
홍어삼합

斑鰩即魟魚，用稻草綑起來自然發酵，奇臭無比，但全羅道人卻視為頂級食材，將生醃斑鰩搭配泡菜、豬肉夾在一起食用，稱之為「三合」。全羅道的喜宴桌上沒有這一道菜，女方家可是會氣到取消婚約！

炒烤滷類

【烤肉】
고기구이

最受遊客歡迎的韓國料理。常見的種類為烤排骨、烤牛肉、五花豬肉，多半會先醃好沾醬再烤。會附上泡菜、小菜、冷湯、生菜，用生菜包著烤肉、泡菜、辣椒醬、大蒜等一起食用。

【春川炒雞排】
춘천닭갈비

江原道首府春川市最具代表性的料理。雞排先醃過甜辣醬，與洋蔥、年糕條、高麗菜、蔥段等材料，放在圓形鐵板上炒。吃到最後會再倒碗白飯進去拌炒，就成了好吃的拌飯。

【獎忠洞滷豬腳】
족발

韓國滷豬腳的味道沒有台灣濃，要沾醬油或蝦醬吃。據說有些店家為了讓肉質更緊實，還用石頭壓在肉上面。首爾市中區獎忠洞新羅飯店附近有一整條豬腳街，人氣很旺。

【新堂洞辣炒年糕】
신당동 떡볶이

街頭小吃辣炒年糕的升級版，由於食材豐富，口感層次也很多元，便宜好吃，深受民眾喜愛。首爾市新堂洞辣炒年糕街聚集約十多家專賣店，以左邊第一家「馬福林」最為知名。

行家祕技

飲食篇

學會做正統韓式泡菜

　　泡菜是韓國人餐桌上必備的料理，家庭主婦幾乎都會做泡菜，而為了保存泡菜，韓國甚至發明了獨一無二的泡菜冰箱，專門存放泡菜用的。覺得韓國的泡菜好吃，想把正統的韓國泡菜學回家嗎？現在就準備食材，一起來做泡菜！

調味料

辣椒　粗鹽　蒜末　糖　鹽　生薑末　醃製小蝦米

食材

蔥　蒜苗　蒜頭　芹菜　白菜　白蘿蔔　生薑　辣椒

做法

1. 將大白菜切成四分之一塊

2. 在大盆子裡頭加水

3. 將一碗的粗鹽倒入，攪拌使其溶化

4. 將切好的大白菜完全浸在水中醃製4、5個小時

5. 醃好的大白菜

6. 將白蘿蔔切成細絲

7. 蔥、芹菜切成小段

8. 蒜苗切成細絲

9. 以白蘿蔔為底，加入1大匙蒜末

10. 加入2大匙辣椒

11. 加入2小匙生薑末

12. 加入1大匙小蝦米

13. 鹽、糖各1小匙

14. 用手抓勻

15. 將蔥、芹菜、蒜苗加入

16. 再一次抓勻

17. 將步驟16的材料均勻塗抹在醃製的大白菜每一片葉子上

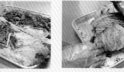
18. 每一片都抹好後，最後將大白菜的尾端葉子拉起往前折，左右葉子往裡包，儘量包緊成一個正方形，即可儲存發酵

經過1～2天之後的泡菜成品

小吃類

【炸什錦】
튀김모듬

類似日本的炸天婦羅和炸蔬菜，路邊攤各式各樣的種類都有。

【小螺】
고동

與台灣的燒酒螺是異卵雙胞胎，韓國是用水煮的，味道較清淡。

【玉蜀黍雞蛋糕】
옥수수빵

類似車輪餅加雞蛋糕的合體，內餡口味只有奶油一種。

【糖餅】
호떡

麵團裡包著紅糖油煎而成，是韓國路邊很常見的點心。

【烤魷魚】
오징어 구이

路邊常見的小吃，有烤魷魚腳，也有烤壓扁的魷魚片，口味不錯。

【熱狗】
핫도그

種類很多，最常見的就屬外頭裹上一層薯條塊的，炸起來超香。

【辣炒年糕】
떡볶이

像手指般的年糕條，用韓國辣椒醬炒熟，辣中帶甜很好吃。

【年糕】
떡

韓國年糕種類相當多，在仁寺洞附近甚至聚集了許多家年糕專賣店。

【黑輪】
오뎅

攤子只有一碗共用沾醬，吃法是直接拿黑輪沾醬，看起來有點不衛生。以竹籤數量來算帳。

【蠶蛹】
번데기

令人望之卻步的小吃，蠶蛹用水煮熟，以牙籤叉著吃。口感沙沙的，沒什麼味道。

【豬血冬粉腸】
순대

類似糯米腸，裡頭包冬粉和豬血，蒸熟沾鹽巴和辣椒粉吃，口感QQ的，味道有點重。

【炸雞配啤酒】
치맥

韓式炸雞有原味、醬料味，甜中帶辣。一次要點一隻雞，可選擇「半半」(即一半原味一半醬料)。

飲食篇

首爾在地美食

介紹4間到首爾自由行必吃的美食店家。

馬場洞烤韓牛

每片肉都散發出濃郁的香氣，令人驚豔

✉ 서울시 성동구 고산자로 24길 13 / ☎ 0507-1351-5977 / 🕐 09:00～21:00 / ➡ 地鐵2號線龍頭站4號出口，直走約10分鐘後至馬場洞畜產市場，再左轉後直走約5分鐘，位於左手邊

　　來韓國必吃的烤韓牛，推薦各位一定要來一次馬場洞。可在當地肉販市場挑選頂級韓牛，接著，將購得的肉品帶至當地烤肉餐廳，即可現場品嘗到韓牛的獨特風味，每片肉都散發出濃郁的香氣，令人驚豔。韓牛肉販推薦自然畜產（자연축산），老闆親切有禮，會按人數與喜好，推薦適當的部位與分量。

平安道豬腳店

以Q彈的質感和香氣四溢而聞名

✉ 서울 중구 장충단로 174-6 / ☎ 02-2279-9759 / 🕐 11:00～21:00 / ➡ 地鐵3號線東大入口站3號出口，直走140公尺

　　平安道豬腳店坐落於歷史悠久的獎忠洞豬腳街，擁有逾50年的豐富歷史，是該區域著名美食餐廳與豬腳店的先驅之一。店家的招牌豬腳以Q彈的質感和香氣四溢而聞名，獨特之處在於他們的烹飪祕訣，豬腳經過細心的處理，保留了肉質的鮮嫩，同時賦予了Q彈的口感。此外，平安道豬腳店所處的豬腳街也是一個充滿古早風情的地方，漫步其中，彷彿能夠感受到悠久的歷史。

我們會再見吧炒年糕

推薦必點：奶油蒜味薯條(버터갈릭튀김)

IG ddobogessji / **✉** 서울 마포구 양화로 19길 22-25 2층 / **☎** 05 07-1415-1287 / **🕐** 週二～日11:30～21:00(最後點餐20:00，週二～五15:00～16:30休息) / **休** 週一 / **➡** 地鐵2號線或機場線弘大入口站3號出口，直走第二條巷子左轉後即達

　　在韓國，講到炒年糕會先聯想到路邊攤的一人份炒年糕，仔細研究的話會發現，年糕鍋的概念並沒有像台灣那樣盛行，但這家炒年糕店，是少數在韓國人之間非常有名的餐廳，一到用餐時間，就會排滿等待人潮，建議在營業之前提早5～10分鐘前往等候。點餐時需從2人份點起，兩人份₩14,000，3人份₩19,000，4人份₩24,000。除了大啖年糕鍋之外，推薦必加點項目奶油蒜味薯條(버터갈릭튀김)，以及吃完年糕鍋後不能忘記加點魚卵炒飯(낙지알볶음밥)。

五狀洞咸興冷麵

名列首爾米其林星級餐廳

http ojangmyeonok.modoo.at / **✉** 서울특별시 중구 마른내로 108 / **☎** 02-2267-9500 / **🕐** 11:00～20:00 / **休** 週二 / **➡** 地鐵2號線或5號線乙支路4街8號出口出來，沿著昌慶宮路(창경궁로)直走，遇到마른내로左轉後直走約3分鐘即達，總路程約5分鐘

　　來韓國旅遊，想吃只有韓國才有的道地韓食，絕對不能錯過冷麵。五壯洞是一個韓式冷麵非常有名的街區，其中最特別的是這一家以五壯洞為名的冷麵店，從1953年開始就營業，歷史悠久。餐廳裡供應的餐點項目雖不華麗，卻是經典又美味，更名列首爾米其林星級餐廳，且價格非常合理，冷麵一碗₩14,000。提供水冷麵(물냉면)、拌冷麵(비빔냉면)和蒸水餃(만두)，其中生魚片拌冷麵(회냉면)最為有名。

首爾人氣咖啡廳

每年首爾流行的咖啡廳裝潢、型態都不一樣,常來的旅客不妨多加嘗試。

根據韓國生活習慣調查顯示,韓國人進入職場後,一天平均喝3、4杯咖啡。早上帶著咖啡進公司,午餐後再來一杯,吃完晚餐也會和親友到咖啡廳閒話家常,這也是為何韓國咖啡廳這麼多,卻家家生意都興隆的主因之一。

Snob 스노브

招牌甜點是草莓奶油蛋糕

✉ 서울특별시 마포구 와우산로 59 / ☎ 02-325-5770 / 🕐 12:00～21:00 / 休 週一 / ➡ 地鐵上水站1號出口出來,沿著臥牛山路(와우신로)直走3分鐘

Snob的招牌是草莓奶油蛋糕,是喜愛鮮奶油的人必訪的下午茶店,提供的飲品以各種手沖花茶為主,和一般韓式咖啡店有些微不同。Snob外觀是高級別墅風,店內裝潢偏暖,氣氛溫馨,內用區使用的餐具與桌椅擺設也非常適合拍照,加上地點位在弘大逛街區附近,可在購物行程中安插當做中場休息地點。

LUFT 루프트

韓國網紅拍攝的熱門地點

✉ 서울 중구 장충단로 174-6 / ☎ 02-2277-0872 / 🕐 週一～五07:30～18:30,週末08:00～16:30 / ➡ 地鐵3號線東大入口站3號出口,直走140公尺

LUFT是德文「空氣」的意思,店家裝潢色調明亮,以白色為主。咖啡品項不多但味道非常特別,主要供應的咖啡有兩種:SEOUL咖啡豆(重口味)和LUFT咖啡豆(溫和)。咖啡廳內的座位區設計別致,游泳池概念的小細節令人驚豔。由於環境特別,也是許多韓國網拍爭相租借的熱門新品拍攝地點;喜愛拍照的遊客,尤其想要在韓國拍時尚、韓風穿搭一定不能錯過。

onion 어니언

1號店 聖水店

http café.onion / ✉ 서울특별시 성동구 아차산로9길 8 / ➡ 地鐵聖水站2號出口出來，直走過馬路後左轉，在第一個十字路口右轉步行1分鐘即達

2號店 彌阿店

✉ 서울특별시 강북구 솔매로50길 55 / ➡ 地鐵4號線彌阿站3號出口出來直行，遇到CU便利店右轉直行兩個街區即達，總路程約5分鐘

3號店 安國店

✉ 서울특별시 종로구 계동길 5 / ➡ 地鐵3號線安國站3號出口出來直行，遇到第一個路口左轉直行約1分鐘即達，總路程約2分鐘

聖水站並不是首爾市區內特別繁華的區域，但是韓國人會因為onion而特地前往聖水一探究竟。onion前身是一家廢棄工廠，經過改建後整家店整體呈現出頹廢工業風的感覺。其實比起咖啡，onion的麵包更有名，種類非常多樣，其中銷售最好的是房屋造型的Pandoro(팡도르)。設有戶外座位區，是近年首爾最流行的屋頂露天平台(rooftop)，春、夏、秋季的午後在露台吹著徐徐涼風，配上美味咖啡與麵包，是一大享受。

Anthracite 앤트러사이트

梨泰院店

http www.anthracitecoffee.com / ✉ 서울특별시 용산구 이태원로 240 / ➡ 地鐵梨泰院站3號出口出來，沿著梨泰院路(이태원로)步行約10分鐘

合井店

✉ 서울특별시 마포구 토정로5길 10 / ➡ 地鐵合井站7號出口出來直接迴轉，沿著甕幕路(독막로)步行7分鐘，看到emart超市後先過小斑馬線後右轉直走，步行約2分鐘會看到GS25豔麗商店，過GS25便利商店後的下一個小路口左轉直走，在第一個路口再右轉步行30秒即達

西橋店

✉ 서울특별시 마포구 월드컵로12길 11 / ➡ 地鐵6號線望遠站1號出口出來，沿著世界盃路(월드컵로)直走，第一個路口左轉即達，總步行路程約3分鐘

濟州島店

✉ 제주시 한림읍 한림로 564 / ➡ 搭乘循環公車950、960、962、963、966、967在「옹포 사거리」站下車，往東沿著한림로步行約7分鐘

韓國的分店都是以廢棄大樓改造成工業風咖啡廳。店家自行烘焙的咖啡豆種類多樣，命名也很特別，點餐時可詢問店員個人喜好，找尋適合的味道，配上店內手作甜點，是下午茶時間的好去處。戶外、室內空間占地很廣，幾乎不會客滿，長時間到此工作、讀書都很推薦。

Cafe Dior 카페디올

Dior貴婦風格下午茶

✉ 서울특별시 강남구 압구정로 464 / ☎ 02-513-0390 / ◷ 週一~六11:00~20:00、週日11:00~19:00 / ➡ 地鐵狎鷗亭羅德奧站3號出口出來，沿著狎鷗亭路(압구정로)步行約10分鐘

　　時尚精品Dior在狎鷗亭Dior House品牌Showroom頂樓開設的Café Dior，搭配PIERRE HERMÉ頂級法式甜點和高級裝潢，打造出貴婦下午茶風格。咖啡廳整體採光良好，十分適合拍照。想要同時享受被Dior圍繞和PIERREHERMÉ美味甜點的人，即使價位稍偏高，也絕對不能錯過。

The Sky Farm 세상의 모든 아침

早午餐全天供應

🌐 www.theskyfarm.co.kr / ✉ 서울특별시 영등포구 여의대로 24 50、51F / ☎ 02-2055-4442 / ◷ 10:00~22:00(16:00~17:00休息，最後點餐時間15:00、21:00) / ➡ 地鐵汝矣島站7號出口出來直走，在汝矣大路2街(여의대로2길)右轉後直走約3分鐘會看到全經聯會館(전경련회관)，搭客梯至50F即達

　　The Sky Farm是一家特色餐廳集團，其中最爲人熟知的是供應全天早午餐的世界早餐(세상의 모든 아침)，不僅選擇多樣、食物美味，用餐空間裝潢別緻，更是眾多取景指定地點，韓劇《W》中李鐘碩家的玻璃屋頂樓酒吧即在此地拍攝。因地理位置以及位於高樓層，用餐可同時俯瞰全汝矣島與漢江全景，不論白天、晚上都非常值得造訪。

倫敦貝果博物館 London Bagel Museum

手工貝果排隊名店

✉ 서울 종로구 북촌로4길 20 / ☎ 02-513-0390 / ◷ 每日08:00~18:00 / ➡ 地鐵安國站3號出口出來，直走第一個路口左轉後，第二個十字路口左轉後步行30秒即可抵達

　　位於韓國安國站的倫敦貝果博物館是當地一個非常受歡迎的咖啡廳，兩層樓的店面，內部裝潢布置非常有英國鄉村氣息。這裡供應各種口味豐富的貝果，十幾種不同口味的貝果一字排開，取名博物館眞的不爲過，也有販售不同口味的抹醬和飲品。其美味和特色吸引了大量遊客，每天都有許多人排隊等候，使得這裡成爲當地一個極具人氣的地方！

購物篇
Shopping

在韓國，哪裡好逛？買什麼紀念品、伴手禮？

隨著韓劇、韓國音樂帶動的韓流時尚，已經襲捲亞洲，首爾成為不少女性出國購物的首選城市。

韓國流行的服飾、鞋子、包包、飾品，乃至於韓國明星代言的各大化妝保養品，

都是不可不敗的商品，記得要多帶點錢，以免後悔！

在東大門殺價，付現金比刷卡更容易成功。

商店營業時間

首爾的商店開得很晚，即使到了晚上，依舊有街可逛，明洞、東大門更是越晚越熱鬧。

商店類型	營業時間
一般商店	10:00～22:00
百貨公司	10:30～20:00 (有月休日，各家不同)
明洞	10:30～22:00
東大門	11:00～05:00 (各商場不一，多半夜間營業)

付款方式

韓國塑膠貨幣盛行，大部分的商店都能使用信用卡付費，包括超商、計程車等，甚至以批發為主的東大門也可以使用，但使用信用卡則較難殺價。少部分的小商店、小吃店、民宿則需要以現金付款。

折扣期間

百貨公司的折扣期在1、4、7、10、12月中舉行，每次為期約半個月左右。除了5次的固定折扣期外，也會有週年慶折扣。不過，折扣幅度不大，只有2～3成，很少商品會下殺到5折以下。折扣期會推出各種優惠，商品DM也會有贈品兌換券，購物前記得先向櫃檯索取DM。

殺價規矩

一般商店、百貨公司不能殺價，比較能殺價的地方是東大門和路邊攤。在東大門殺價，付現金比刷卡容易成功，多買幾件也比較能殺。至於能殺多低，一般最多只能到8、9折，不過，部分商場大樓公告不能殺價。路邊攤的價位很混亂，同樣的飾品有些價差上1倍都有可能，最好貨比三家再出手。

免稅店消費

韓國的免稅店通常分為線上商城與線下實體店面，疫情結束後，各大免稅店為拓展宣傳，時常舉辦各種線上與線下的優惠活動，建議在出國日60天前開始，多注意官方APP或網站的優惠內容，也可下載滿額優惠券或會員禮兌換券，都能省下不少錢！而且實體與線上的優惠活動通常都會不同，叮以同時比較一下。

▲LOTTE樂天百貨是韓國規模最大，分店最多的百貨公司

行家祕技　　百貨公司

韓國的百貨公司多為知名企業所開設，有樂天、新世界、現代、Galleria百貨，除了Galleria百貨外，其他在首爾市區內都有好幾家分店，又以樂天規模最大，市占超過5成。一般營業時間為10:30～20:00，並非全年無休，每個月會休息一天，通常選在週一，但是沒有固定是第幾週休，所以盡量不要選在週一逛百貨公司。樂天百貨明洞總店還附設有免稅商店，提供外國旅客購買免稅品。

▲ 現代百貨公司

▲ Galleria是韓國最高級的百貨公司

首爾與機場的免稅店

	市區	機場
樂天免稅店	■明洞總店：首爾市中區乙支路30樂天免稅店明洞總店 9-12樓 ■世界大廈店：首爾市松坡區奧運會路300, 樂天世界大廈 Mall 8～9樓	■首爾市江西區天空路38金浦國際機場國際航班航站樓3樓
韓際新世界免稅店	■首爾特別市中區退溪路77,8-12樓（忠武路一街，新世界百貨店）	■仁川廣域市中區機場路272,韓際新世界免稅店仁川機場 1號航站樓店 ■仁川廣域市中區機場路272,韓際新世界免稅店仁川機場 2號航站樓店
現代免稅店	■東大門店：首爾特別市中區獎忠壇路275號,鬥山大廈6～13樓 ■貿易中心店：首爾特別市江南區德黑蘭路517號8～10樓	■仁川廣域市中區機場路272號，仁川國際機場第一航站樓 ■仁川廣域市中區第二航站樓大路446，仁川國際機場第二航站樓
新羅免稅店	■首爾特別市中區東湖路249	■仁川廣域市中區機場路272 新羅免稅店第一航站樓 ■仁川廣域市中區空港路272仁川國際機場T2航站樓3樓出境大廳 ■首爾特別市江西區天空路38金浦國際機場3樓國際航線出境大廳

熱門購物商圈

每個商圈風格大不相同，事先了解更能尋獲自己喜愛的商品。

明洞

想跟上韓系俊男美女流行的腳步，明洞一定不能錯過，棋盤式街道聚集了服裝店、鞋店、化妝品門市、飾品店、百貨公司等，許多明星代言的韓國當地自創品牌都設有分店，走中價位路線。夜晚時，馬路中央還會有攤販，越晚人潮越多。

➡ 地鐵4號線「明洞站」5、6、7號出口；或地鐵2號線「乙支路入口站」6號出口

首爾高速巴士地下街

重新整修完成的Goto Mall，地下街全長880公尺，集合600餘店家，堪稱是首爾最具規模也最有名的地下商場。有不少便宜的服飾和包包，價位比東大門、明洞還要便宜。血拼時記得帶多一點現金，比較好殺價。

➡ 地鐵3、7、9號線「高速巴士客運站」8-1、8-2號出口即連接到地下街

東大門

號稱東亞最大的批發市場，集合12個市場、20多棟建築，各有不同專賣的商品，從頭到腳的服飾、配件、居家用品，一應俱全，一星期都逛不完，最好先搞清楚要買的東西在哪一棟建築，以免浪費時間。人潮最多的還是成衣商場，工廠大量仿照世界名牌當季流行服飾製作，台灣韓系成衣店都是在此批貨。

但近幾年來，外國遊客太多，價位越來越不親民，想撿便宜就要捨棄逛大型商場，往對面東大門運動場附近的批發商店挖寶。營業時間各家不一，多半從傍晚到隔天清晨。

➡ 地鐵1、4號線「東大門站」7、8號出口，步行3分鐘；地鐵2、5號線「東大門運動場站」1、13、14號出口

市場	販售商品
平和市場	服飾
東大門市場	登山用具、廚房用品、體育用品
東大門鞋子市場	鞋子
南和平市場	袋子
德運商街	袋子
光熙市場	皮衣、腰帶
興仁市場	女裝、男裝、童裝、鞋子、體育用品
第一平和市場	女裝
平和市場	女裝、韓服、絲巾等
東平和市場	女裝、童裝
東大門綜合市場	時裝、韓服、布料、窗簾、棉被等

梨大

由於梨大是女子大學，周邊商圈以女性為販售對象，主要商品為服裝、飾品、鞋子、美妝店等，是女生購物的好去處。梨花女子大學校園內的歐風建築，也是受歡迎的拍照景點之一。

➡ 地鐵2號線「梨大站」1、2、3、4號出口

新村、弘益大學

此地聚集了延世大學、西江大學、弘益大學等，串成帶狀的大學區。學生族群聚集，商店多半偏向年輕化，裝潢可愛，以平價商品為主。除了韓國本土自創的品牌之外，部分店家的貨源來自東大門或自營工廠設計，流行感高，重覆性相對也高。

在弘益大學左前方不定期會有Free Market（藝術市場），聚集年輕藝術工作者和美術系學生，販售自製手工作品，原創風格濃厚，值得細細來挖寶。

➡ **新村**：地鐵2號線「新村站」2、3號出口；**弘益大學**：地鐵2號線「弘大入口站」9號出口

狎鷗亭

此區商店走高價路線，尤其是狎鷗亭和清潭洞之間的「流行第一街」，更是聚集了來自世界各地的名牌，宛如紐約第五大道。狎鷗亭的RODEO則是鎖定年輕人的時尚街。Galleria百貨為南韓最高檔的百貨公司，集合世界名牌LV、香奈兒等，為名媛貴婦和女明星的最愛。

➡ 地鐵3號線「狎鷗亭站」1號出口，步行約20分鐘；地鐵7號線「清潭站」8、9號出口，步行15分鐘

三清洞

近幾年來新興發展的商圈，除了臨街道的商店之外，右側小山坡上的巷子裡也隱藏著不少迷人小店。這裡的商店具有個人風格，多爲純手工和個人設計商品，價格稍貴但絕對是獨一無二。還有不少韓屋改建的咖啡廳和藝廊，也很有特色。

➡ 地鐵3號線「安國站」1號出口，沿景福宮旁的大馬路直走，步行約15～20分鐘

COEX

複合式大型商圈，聚集上百家商店，有韓劇《聽見你的聲音》拍攝地COEX AQUARIUM水族館及星空圖書館，耶誕節都有巨型耶誕樹，吸引許多人潮，近期在水原也開了第二家星空圖書館。

http www.starfield.co.kr / ➡ 地鐵2號線「三成站」5或6號出口

鍾路、仁寺洞

位在市中心鬧區的鍾路，爲年輕人約會逛街的地方，全國連鎖服飾品牌、速食店、餐廳、行動通訊等的必爭之地，商業競爭激烈。而巷子裡的仁寺洞則充滿懷舊風情，古董、字畫、茶具、陶藝、韓服、民俗工藝品等商店林立。

➡ 鍾路：地鐵1號線「鍾閣站」3號出口；仁寺洞：地鐵3號線「安國站」6號出口，前行至路口左轉即是

安養地下街

安養地下街占地廣大，逛一個下午都不爲過。主要販售男女性服飾、鞋類商品，品項較爲集中，其中包含韓國路上較少見的男性服飾店。價錢從₩5,000起，非常平價，適合挖寶。

➡ 地鐵1號線「安養站」1號出口連通地下街

潮牌店家

韓國品牌流行感十足，店內裝潢設計也大有看頭。

ADERERROR 아더에러 弘大Showroom

ADERERROR是韓國當地設計師自創年輕潮流品牌，弘大Showroom位在非常熱鬧的弘大公園附近。整間Showroom不只是服飾陳列，裝潢與擺設非常前衛，並且不定期更換不同主題展現品牌價值。雖然服飾價位偏高，但質感與設計感與眾不同，也是藝人Zion t、Crush的著用品牌。人到了ADERERROR不消費沒關係，但一定要進去這個大型時尚博物館朝聖再離開。

----

http adererror.com / ✉ 서울특별시 마포구 와우산로21길 19-18 / ☎ 02-3143-2221 / ⏰ 每日13:00～21:00 / ➡ 地鐵2號線「弘大入口站」9號出口出來直走，看到麥當勞過馬路左轉，走到弘益大學正門十字路口右轉會經過小公園，在too cool for school左轉約1分鐘即達，總路程約10～15分鐘

What it isNt

知名潮牌集團B.CAVE旗下品牌，前身為Mark Gonzales，後來改名What it isNt。Logo是一個可愛的黃色小飛人Angel，令人印象深刻。該品牌的服飾與配件都非常好看，兼具時尚與休閒感，受到非常多年輕人喜愛，弘大旗艦店有非常多款式，還有經典的打卡鎮店之寶，非常推薦來逛。

✉ 首爾麻浦區細橋路26
⏰ 12:00～21:00

Butter 버터

Eland公司旗下的Butter是韓國平價設計小物店，從文具、家飾、廚房雜貨、旅行收納用品、零食到寵物用品應有盡有。不定時推出新角色增添品牌趣味，也會依照角色個性設計各分類項目用品。Butter不只是實體店面好逛，線上商城的選擇更是豐富，千元起的平價可愛小物當伴手禮也非常適合。

弘大店
http www.mhmall.co.kr/index.html?page_id=2 / ✉ 서울특별시 마포구 양화로 153 이랜드 복합관 홍대점 지하2층 / ☎ 02-338-5742 / ⏰ 每日11:00～22:00 / ➡ 地鐵「弘大入口站」1號出口B2

COEX店
http www.mhmall.co.kr / ⏰ 每日10:30～22:00 / ➡ 地鐵「奉恩寺站」7號出口出來，步行9公尺後抵達Coex Mall

弘大想像殿堂 KT&G
상상마당 홍대

弘大地區一家引領文創潮流的店，販售各種具設計感的文創商品，從手工藝品到獨特的生活小物等，每一樣都蘊含設計師的用心巧思。風格多元，能滿足不同品味的顧客，成為藝術愛好者和文創迷的必訪之地。此外，空間設計也極具特色，不論擺設的藝術裝置，或店內一隅文學角落，處處流露著藝術氛圍。

✉ 首爾麻浦區敦化門路65號想像殿堂大樓 / ⏰ 每日11:00～21:00

BEAKER

位於首爾最繁華地區的時尚綜合購物中心，以回收利用為理念，將時尚與環保相結合，1樓匯聚了高檔服飾、鞋帽飾品，還有書籍文具和生活家居用品。2樓的是服飾購物區，蒐羅數十個時尚品牌，兼具時尚與品質，連韓流明星們也時常到訪。

----

http www.instagram.com/beaker_cheongdam / ✉ 首爾江南區狎鷗亭路408(清潭洞) / ☎ 02-543-1270 / ⏰ 每日11:00～20:00

Gentle Monster 젠틀몬스터 홍대플래그십스토어

韓國設計、製造的時尚墨鏡品牌，因藝人全智賢、李敏鎬著用而走紅，價位偏高，約20萬韓幣左右。弘大的Showroom定期更換主題，呈現品牌源源不絕的靈感。弘大旗艦店還加入香氛品牌The Scent，並在Showroom 1樓設置香氛實驗室，值得體驗。另外，在三清洞、新沙洞分別有不同風格的Gentle Monster Showroom。

----

http www.gentlemonster.com / ✉ 서울특별시 마포구 독막로7길 54 / ☎ 02-3144-0864 / ◷ 每日11:00～21:00 / ➡ 地鐵「上水站」1號出口出來，延甕幕路(독막로)直走約5～7分鐘，會遇到甕幕路7街和8街交叉路口，右轉往7街方向步行約5分鐘即達

COVERNAT 커버낫

是韓國一個極其熱門的潮牌，設計風格以休閒為主，色彩鮮艷，簡潔俐落。在COVERNAT旗艦店，你可以找到各種男女裝新品，如可愛的牛角大衣，及獨特的男裝款式。COVERNAT還有各種鞋包配件，像是超受歡迎的後背包和托特包，以及簡約俐落的帽子，款式多樣，應有盡有。在地下室，你可以找到男裝和不分男女的經典款式，這裡真的是每個潮人的天堂。如果你計畫來韓國

血拼，這絕對是一個不能錯過的地方！

----

http covernat.net / ✉ 서울 마포구 잔다리로 24 1F, B1F 커버낫 플래그쉽 / ☎ 0507-1473-3316 / ◷ 每日12:00～21:00 / ➡ 地鐵「上水站」1號出口出來，直走約10分鐘，會遇到細橋路後左轉直走約5分鐘

NERDY 널디

NERDY是韓國自己的運動品牌，有極高的知名度，經常在韓星身上看到穿搭，例如EXO的伯賢、2ne1的Dara，以及Hip Hop團體Block B的有權和Zico，爲這個品牌增添了不少人氣。其設計融合了運動元素與街頭文化，色彩豐富且舒適寬鬆，吸引眾多粉絲。如果你計畫前往韓國，千萬別忘了到NERDY的弘大旗艦店逛逛。

----

http whoisnerdy.com / ✉ 서울 마포구 홍익로6길 27 1층, 2층 / ☎ 0507-1473-3316 / ◷ 每日12:00～21:00 / ➡ 地鐵「上水站」1號出口出來，直走約10分鐘，會遇到細橋路後左轉直走約5分鐘

必買的化妝品牌

韓國化妝品、保養品物美價廉，是必定搜刮的旅行戰利品之一。

除了各家門市之外，還有集合各大化妝品牌的專賣店，多半採開架式設計，可以自在地試用產品，有的甚至還免費提供高科技的肌膚測試和專業諮詢。開設在熱門旅遊區域的店家(如明洞)幾乎都會有中文服務人員，一般來說，對外國遊客都很友善，常常會送一大堆的試用品。

Skin Food

原創於1957年的韓國國際化高級彩妝保養企業，號稱是用美味食物調配而成的化妝品，由日韓技術合作，採取天然植物和水果如香蕉、葡萄酒、黑糖、檸檬、生薑、黑豆等製作，令人在使用時也忍不住想吃它一口；彩妝輕透，不會有厚重感。網路販賣起家，之後才有門市經營，以低價位攻占韓國年輕族群，人氣相當旺。

http theskinfood.com

too cool for school

Too Cool For School的修容餅廣受歡迎，是美妝愛好者不可或缺之選，不僅具有高度的遮瑕效果，還能輕鬆打造出立體感十足的妝容，無論是初學者還是彩妝達人都能輕鬆操控，展現自然又精緻的妝容。其修容餅不僅注重優異的化妝效果，同時兼顧肌膚的舒適感，質地細膩不易卡粉，妝容持久清爽，包裝也超級可愛。

http www.toocoolforschool.com

VT COSMETIC

VT COSMETIC的護膚產品，特別強調「積雪草」的研發應用。積雪草在韓國被視爲極爲珍貴的一種植物，具有卓越的保濕和修護效果。VT COSMETIC巧妙地將積雪草融入其護膚系列當中，結合先進的科技成分，爲肌膚提供深層修復和保濕，使肌膚回復彈性與光澤。其面膜與微針霜是近期最有人氣的產品之一。

http vt-cosmetics.com

innisfree

同樣是愛茉莉化妝品集團推出的一線品牌，百貨專櫃和一般開架式商品都有，不過兩者路線不同，價位也有差，後者較爲平價。強調以天然草藥爲原料，利用高科技萃取研製而成，訴求「自然、健康、時尚」，以都會女性爲主要客群，彩妝、保養品、美體等產品都有，保養品最受歡迎，橄欖系列和薰衣草晚安面膜爲主打。

http www.innisfree.com

Etude House

是韓國最大的化妝品集團愛茉莉太平洋的品牌，1995年間市，門市裝潢以女生最愛的粉紅色系爲主，打造出夢幻城堡的氛圍，果然成功吸引女生的喜愛，在短短幾年內迅速竄紅，已是韓國相當知名的品牌，各商圈都看得到它。專攻彩妝市場，保濕霜評價也不錯。

http www.etude.com

Nature Republic

2009年加入市場的韓國化妝品牌，爲打開知名度，代言人曾是國民精靈女歌手太妍、EXO以及NCT127，吸引不少海外粉絲捧場。如同品牌名稱，產品強調「自然」，走平價路線，膠原蛋白精華液等保養產品較熱門。

http www.naturepublic.com

紀念品與伴手禮

選購紀念品的同時，還可以趁此了解韓國的文化藝術。

來到韓國，除了時尚好看的流行服飾、便宜好用的化妝品是必敗的戰利品外，還推薦具有韓國味的紀念品或伴手禮，仁寺洞是最佳採購地點，街道兩旁林立著畫廊、筆墨店、韓紙店、陶瓷器店、裱褙鋪、假面具店等，都是韓國傳統的工藝品，送禮自用兩相宜。

韓服

現今韓國人在重要場合仍會穿上韓服，但一套韓服選布訂作，可能就要30萬韓元以上，甚至百萬韓元。東大門地下商場有賣現成的韓服，女性韓服一套約10萬韓元，兒童的約4萬韓元，還有各種韓服做成的小飾品、卡片，令人愛不釋手。

韓風扇子 / 書籤 / 鑰匙圈

可愛的韓風扇子、書籤與飲料模樣的鑰匙圈在韓國也很受歡迎，買回去當紀念品或贈送親友都很棒！

泡菜

是韓國最具代表性的食物，各家泡菜都有做真空包裝，攜帶方便，是最多旅客的選擇，仁川機場內有販售。

綠茶

韓國的綠茶產品多到爆，各大綠茶公司還有像咖啡廳一樣的店面來販售綠茶相關產品，除了即溶式的綠茶拿鐵，還有「綠茶抹醬」，一推出就大受好評。

水果燒酒、啤酒

韓國人愛喝酒,各式各樣的酒類產品不時推陳出新,若覺得一般燒酒太辣,酒精味太濃,不妨試試水果口味的燒酒,另外帶有甜味的馬格利和生馬格利米酒,也是韓國獨特的酒類。

人蔘產品

韓國把人蔘的用途發揮到淋漓盡致,吃的用的都有。人蔘洗面乳為韓國獨有產品,南大門有賣;在韓劇《太陽的後裔》裡宋仲基常喝紅蔘飲品保健,也帶動風潮,各大百貨公司地下食品樓層專櫃均有售,但價格不便宜。

韓式泡麵

韓國人是世界上最愛吃泡麵的民族,也因此泡麵種類繁多,除最為人熟知的泡荣拉麵、辛拉麵外,韓式中華口味的炸醬麵、炒馬麵泡麵也在這一、兩年異軍突起,成為人氣商品。

KAKAO FRIENDS

KAKAO TALK為韓國人主要的通訊軟體,品牌顏色為黃色。貼圖人物Neo、Frodo、Apeach等廣受喜愛。弘大商圈旗艦店規模最大,新村現代百貨也有分店。

陶瓷器皿

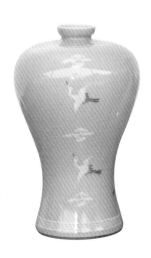

韓國的陶瓷器相當有名,素雅、沉靜、形美,利川、驪州、光州、丹陽、聞慶、河東、康津、扶安各地都有生產,以利川陶瓷最有名。另有茶杯、碟子、茶壺、飯碗等可選擇。仁寺洞有販售。

韓式餐具

韓國餐具相當獨特,筷子、飯碗、湯碗、叉子、湯匙都有分男用女用,材質種類多,越貴象徵地位越高。韓國人習慣在新人結婚時送上一對男女用的筷子和湯匙來表示祝福。

玩樂篇
Sightseeing

韓國，哪裡最好玩？

韓國首爾曾經被《紐約時報》評選為今生一定要去的城市前3名，

可見首爾的魅力連歐美人都懾服，距離它這麼近的我們，當然不能錯過。

有600多年首都發展歷史的首爾，古今交融，既能遊走在古色古香的朝鮮建築中，

轉個身又能投入在最新的IT科技裡。宜古宜今的氛圍，怎能不叫人流連忘返。

韓國主題之旅

韓國四季分明,各有特色,且在不同城市還有不同的玩法。

春季賞櫻

3月底〜4月中旬,不少城市都是櫻花片片,浪漫得很!首爾市區的德壽宮、汝矣島、南山公園、鞍山公園、石村湖水等地都是熱門的賞櫻名所。韓國公認的賞櫻首選之地是慶尚南道的鎮海,家家戶戶門前都開滿櫻花,非常浪漫。另外,古都慶州的普門湖周圍與佛國寺公園、大陵苑外圍的石牆路也都是賞櫻勝地,還會舉行慶州櫻花馬拉松大會。

首爾:汝矣島
여의도

➡ 地鐵5號「線汝矣渡口站」2號出口往國會議事堂方向步行

環繞著汝矣島國會議事堂,長達5.7公里的汝矣西路(輪中路)道路兩旁,種植了1,500棵高大的櫻花樹,是首爾市內最具代表的櫻花大道。

♥ 貼心 小提醒

韓國賞櫻即時情報

近年櫻花與楓葉開花與轉紅的時間常有相當大的誤差,想要避免撲空,建議透過臉書社團「一起玩韓國」查詢版友們的即時花況回報,或參加櫻花隨機一日遊相關行程,會帶旅客前往當天櫻花最盛開的地方,這樣也不用擔心自己安排的景點是否無花可看。

鎮海：余佐川
여좌천

➡️ 鎮海市外巴士客運站出來，過馬路後步行到轉角處，搭乘160、162、150、152號巴士到「진해역」站下車，往回走過馬路到鎮海站，再往左走到路口右轉直走，穿過路面地下通道即是

余佐川木橋因韓劇《羅曼史》而得名「羅曼史之橋」，綻放的櫻花更添浪漫氣息。沿著余佐川步行，途經的環境生態公園也是滿布櫻花。

慶州：普門觀光園區
보문관광단지

➡️ 新慶州站前或高速巴士客運站對面搭乘60、61號巴士到「팔우정삼거리」，再換乘10、100-1號巴士到「힐튼호텔사거리」下車

普門觀光園區以普門湖為中心，沿著湖畔的散步小徑與園區內遍植櫻花樹。

秋楓、銀杏

約在10月中下旬～11月中旬即踏入秋季，火紅的楓葉和金黃的銀杏將首爾染成一座金碧耀眼的城市。首爾市區熱門的賞楓景點有昌德宮後苑、首爾大公園往兒童大公園的路上、奧林匹克公園，以及樂天世界旁的石村湖水沿畔。但最美麗的秋色其實在山裡，「北雪嶽、南內藏」是兩大賞楓山嶽，分別在江原道和全羅道。如果不想跑太遠，首爾近郊約30分鐘車程的北漢山、道峰山也可欣賞秋楓美景。

首爾：永徽園、慶熙大學
영휘원，경희대학교

永徽園（영휘원）是朝鮮高宗的後宮嚴氏的墓園，秋天時楓紅遍布，來到回基路（회기로），兩旁是茂密的澄黃銀杏，被列入「首爾賞楓路99選」。繼續往前走到三叉路口左轉，直行即是慶熙大學。

❤️ 貼心 小提醒

首爾賞楓路99選

　首爾市以不同主題推薦了能在市區賞楓的選景勝地，方便遊客就近探訪首爾各地的美麗秋景。

🔗 www.seoul.go.kr/story/autumn

江原道：雪嶽山國立公園
설악산국립공원

➡ 束草市外巴士客運站出來，在右側搭乘7、7-1號巴士到終點「설악산소공원」下車

雪嶽山有許多登山路線，其中千佛洞溪谷、五色藥水池、五色鑄錢谷，以及百潭溪谷等是最適合賞楓的地點。

慶州：統一殿前銀杏大道
통일전 은행나무길

➡ 慶州市外巴士客運站對面，或高速巴士客運站對面，或慶州火車站前過馬路，在郵局前搭乘11號巴士到「통일전」站下車

統一殿前的統一路兩旁種滿整齊的銀杏樹，由統一殿巴士站為起點，沿著長約2公里的行車道步行，金黃耀眼的景致一路延伸，不見盡頭。

冬季玩雪

韓國冬天除了滑雪，還有冰釣、雪橇等活動。在麟蹄冰魚節、平昌鱒魚節，以及華川山川魚慶典等，可以體驗在結冰的江面上鑿洞，用假餌釣魚的樂趣。雪橇比起滑雪更為簡單又便宜，搭乘雪橇板或輪胎從白雪覆蓋的坡上滑下來，充滿刺激與速度感。趁著冬季夜色長，各地都會打造華麗夢幻的燈光節，如晨靜樹木園的「五色星光庭園展」、普羅旺斯村的「美麗的童話世界」等。

首爾：兒童會館雪橇場
어린이회관 눈썰매장

http www.lpseoul.com / ⏰ 12月中旬～2月下旬 / ➡ 地鐵7號線「兒童大公園站」2號出口，直行約10分鐘(兒童大公園附設的兒童會館內)

兒童會館雪撬場設有兩種坡度及長度的滑雪道，沒有經驗的人也能輕鬆上手，還有充氣碰碰車、高空彈跳床、海盜船、4D影片館，以及人

體探險館等設施。另外，有趣的撈冰魚可不要錯過，撈到的冰魚還可現炸現吃。

江原道：華川山川魚慶典
화천산천어축제

http www.narafestival.com / ⏰ 1月初～2月初(視江面結冰狀況而定) / ➡ 於東首爾客運站或春川巴士客運站搭乘前往華川的市外巴士，在「華川客運」站下車，步行約10～15分鐘即達

華川水質清澈，慶典期間每天都會放入1～2噸的山川魚，即使釣魚生手也很難空手而歸。現場付基本處理費就可將釣到的魚做成生魚片或烤魚。另外還有赤手抓山川魚、冰面上奔馳的雪橇與雪車、仙燈文化節燈飾等精采看點。

韓服體驗

韓服是韓國的傳統服裝，根據身分、功能、性別和年齡等，有各種不同的款式，一般日常生活中韓國人已很少穿韓服，只有某些特定的節日和特殊場合才會穿，以表慎重，例如婚禮、新人度蜜月後回夫家時、孩子滿周歲、父母親60大壽，以及春節過年等。好一點的韓服一套至少要100萬韓幣（約台幣3萬多元），在景福宮光化門廣場、仁寺洞、三清洞、水原華城行宮等地都有韓服租借，非常方便。

圖片提供／西花韓服

傳統韓服店：西花韓服
서화한복

http seohwahanbok.net / ⏰ 09:00～19:00 / ➡ 地鐵「景福宮站」4號出口，往景福宮方向前行約50公尺

這家店距離景福宮僅10公尺。這裡的韓服不僅擁有多樣的傳統設計，還加入了改良過的傳統主題，展現出時尚與傳統的完美結合。價格也很實惠，優雅的傳統配飾、小包，還有華麗的裡裙都包含在內。

復古韓服店：益善衣裳室
익선의상실

✉ 首爾特別市鐘路區敦化門路11街38，3樓 / ☎ 0507
-1396-4310 / ⏰ 09:00～19:00

　　由李秉憲主演的韓劇《陽光先生》及李鐘碩
主演的《死的詠讚》，劇中主角所穿著的復古服
裝，在益善洞就能租借！益善衣裳室位於益善
洞，一進門就能感受到滿滿復古風。提供男女
款服飾，每人可試穿3套，髮飾與配件也都很精
緻。離場前記得登記租借的項目，接著就能外出
盡情拍照囉！

　　益善洞鬧區有復古的巷弄及古典咖啡廳，彷彿
韓劇場景；也推薦景福宮、韓屋與老式石牆，體
驗有別於益善洞的另一種氛圍。

以上圖片提供／益善衣裳室

親子遊樂園

　　在首爾附近有幾座大型的遊樂園，可滿足你的
赤子之心，位於首爾市區的有松坡區的樂天世
界，鄰近首爾的京畿道則有龍仁市的愛寶樂園與
果川市的首爾樂園。不妨在旅遊行程中安排一天
樂園之旅，度過充滿歡樂趣味的時間。

樂天世界
롯데월드

🔗 www.lotteworld.com / ➡ 地鐵2號線「蠶室站」4號
出口方向

　　號稱世界最大的室內遊樂場，由室內的樂天
探險世界、民俗博物館、Sokchon湖上的魔幻島
三者組成。樂天探險世界打造成聯合國般的遊樂
區，戶外的魔幻島則宛如置身在歐洲童話般的城
堡中，有最刺激的70公尺自由落體，為韓國情侶
約會和偶像劇最愛的場景之一。

愛寶樂園
에버랜드

http www.everland.com / ➡ 地鐵盆堂線「器興站」轉乘龍仁輕電鐵到終點站，於8號出口處搭乘免費接駁巴士

　　首爾近郊最知名的遊樂場，占地450多萬坪，分別由歐洲冒險、魔術天地、美洲冒險、環球集市與動物王國，5個主題空間所組成。各種驚險刺激的遊樂設施、美麗的歐洲花園、可愛的動物、童話人物遊行等，一年四季都不無聊，經常成為韓劇取景之地。

首爾樂園
서울랜드

http www.seoulland.co.kr / ➡ 地鐵4號線「大公園站」2號出口直走約5分鐘到綜合諮詢處，可購票搭乘大象列車於「서울랜드」下車，或直接步行約15分鐘

　　韓國第一座大型遊樂園，分別由世界廣場、冒險之國、幻想之國、明日世界、三千里樂園，5個主題空間所組成。除了設有過山車、海盜船等刺激的遊樂設施外，還有多項適合小朋友遊玩的兒童遊樂設施。隨著季節推出當季慶典，春天的卡通人物盛典、夏天的水槍大戰、秋天有萬聖節慶典、冬天則是應景的聖誕派對等。相鄰的首爾大公園與國立現代美術館也很值得遊覽參觀。

汗蒸幕

汗蒸幕是韓國獨有的美容兼休閒場所，內部是一間用石頭砌成的房間，靠著紅外線外反射加溫讓室內達到90度左右的高溫，透過高溫讓人流汗，將體內的廢物排出，加速新陳代謝，只要來一趟，保證疲勞全消。必須用布包裹著身體才能進入，以免被熱氣燙傷，10分鐘以內最好就要出來。患有高、低血壓、心臟病，以及喝酒的人不宜進入。

購買入場券後即可入內，費用各家不一，約₩4,000～10,000，購票後，會有一套短袖運動服、毛巾，以及置物櫃號碼牌(或鑰匙)。先在更衣室換好運動服，鎖好隨身物品(內衣不用穿，以免流汗弄濕)，就可以開始體驗汗蒸幕了。建議先到熱療室烤一下，待滿身大汗後，再去澡堂洗澡，必須先洗好澡，沖洗乾淨才能進入浴池。之後回到正常溫度的大廳躺下休息。

汗蒸幕，韓國人一定會買熟雞蛋來吃，是放在熱療室裡烤熟的雞蛋，口感稍微乾一點。

各種設施服務

首爾市區內的大型汗蒸幕幾乎都是24小時營業。規模較大型的汗蒸幕，還會有熱療室，種類包括黃土、木炭、玉石、麥飯石、紫水晶等不同材質的房間，溫度約40～60度。其他設施各家不一，可以看電視、租漫畫、看電影、上網、健身等，大部分需另外付費，也有附超商、餐廳。在

洗澡搓背服務

汗蒸幕內設有澡堂(목욕탕)，澡堂裡提供付費的搓背(때밀이)服務，是韓國獨特的洗澡文化，洗澡時可以順道做個全身馬殺雞，或是帶搓背布自己搓也可以。收費各家不同，通常₩15,000起跳，依不同程度的按摩及加料服務另外加價，例如敷黑泥、敷牛奶、指壓、經絡、拔罐等。

行家祕技　SeaLaLa SPA水世界

為大型的都市水上樂園，游泳池設計有希臘藍白的風格，內有附汗蒸幕，可選擇只體驗汗蒸幕就好。

http www.sealala.com / ✉首爾特別市永登浦區文來路164 / ☎+82-1522-9661 / ⏰桑拿07:00～21:00(週二休)、汗蒸幕07:00～21:00

高麗湯

韓國境內有60多個溫泉區,多半是設置在溫泉飯店裡,設施豪華氣派,著重功能性、SPA、水療設備一流,湯料五花八門,種類眾多,而且價格不貴。離首爾市較近的溫泉區有溫陽溫泉、道高溫泉、牙山溫泉等。

通常採大眾池,須在更衣室脫光衣服後才能進入浴場,泡湯前須先清洗身體,搓背須在池子外,再舀水沖洗。韓國人對裸露身體極為大方自然,赤裸裸地在更衣室裡走動、聊天,都毫不遮掩,令人歎為觀止。溫泉浴場內設有自販賣機,可以購買搓背布、小包裝洗髮精、沐浴乳等。

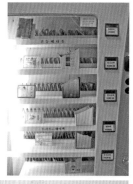

鮮時期不少國王經常到此泡湯治病,有「王室溫泉」之稱。其中以溫陽觀光飯店最為著名。

牙山SPAVIS溫泉樂園
아산 스파비스

http www.spavis.co.kr / ➡ 首爾火車站搭高鐵或地鐵天安線可至「天安牙山站」,在車站左前方搭公車90號至溫陽溫泉火車站,在前方馬路上的公車站牌轉搭981市內巴士至牙山溫泉,車程約30分鐘

南韓第一家複合式的溫泉度假樂園,包含住宿飯店、室內外溫泉、多種不同功能的烤箱、雪橇場、高爾夫球場、露天表演場等。泉質屬弱鹼性,提供湯池加料種類多達20餘種。

溫陽溫泉
온양온천

http www.onyanghotel.co.kr / ➡ 首爾火車站搭高鐵或地鐵天安線至「天安牙山站」,在車站左前方搭公車至溫陽溫泉火車站,向左步行10分鐘即達

泉質極佳,屬弱鹼性,含有豐富的鐳元素,朝

軍事地帶之旅

南北韓自1953年分裂後,雙方在北緯38°線設下停戰協定線,並劃分2公里的非武裝地帶(即DMZ地帶,也稱之為共同警戒區域),從此一刀劃開朝鮮半島。50多年來,始終敵對的狀態,讓南韓在歌舞昇平的生活中多少帶點不安,走在首爾市區,不時可聽到軍機劃過天際的轟隆巨響。而拜這種特殊的軍事狀態之賜,幾個靠近北緯38°線的南韓城市發展出不少軍事旅遊路線,讓遊客親臨感受戰事的緊張氣氛,其中最熱門的莫過於京畿道坡州市的板門店之旅。因為是軍事區內,遊客不能獨自前往,必須參加指定的旅行社行程才行。

軍事地帶之旅這裡查

大韓旅行社(Korea Travel Bureau)
http www.go2korea.co.kr/cn/Default.aspx
82-2-778-0150

板門店觀光中心(Panmunjom Travel Center)
http koreadmztour.com
82-2-2771-5593

International Cultural Service Club
http www.tourdmz.com/main.php
82-2-755-0073

＊資料時有異動,請以官方公布的最新資料為準

貼心 小提醒

參加軍事地帶之旅注意事項

- 須在一週前攜帶護照至旅行社提出申請。
- 參觀當天要帶著護照,提早半小時到指定集合地點,以便檢查。
- 導覽提供中、英、日3種語言。
- 在參觀過程中,必須嚴格遵受軍方規定,不得隨意拍照和走動。
- 板門店禁止穿牛仔褲、迷你裙、短褲、無袖上衣、圓領T恤、涼鞋,第三地道行程則允許穿牛仔褲。
- 禁止10歲以下孩童參觀。

圖片提供／李孟芩

首爾市區推薦景點

搭地鐵就能玩遍首爾,將名勝古蹟、購物文藝、韓劇熱點一網打盡。

景福宮
경복궁

🌐 www.royalpalace.go.kr / 🕐 09:00～17:00(11～2月)、09:00～18:00(3～5月、9～10月)、09:00～18:30(6～8月) / 休 週二 / ➡ 地鐵3號線「景福宮站」5號出口;地鐵5號線「光化門站」2號出口,步行約3分鐘

名列五大古宮之首,為朝鮮王朝第一座宮殿。兩度遭日本入侵破壞,只剩勤政殿和慶會樓倖免於難,其餘均為重修建築。目前宮內也持續進行著重建復原工程。庭院景致美麗,香遠亭蓮花池最能展現四季景色不同的風情。興禮門前舉行的守門將換崗儀式也是一大看點。

昌德宮與後苑
창덕궁와 후원

🌐 www.cdg.go.kr / 🕐 09:00～17:30(11～1月)、09:00～18:00(2～5月、9～10月)、09:00～18:30(6～8月) / ➡ 地鐵3號線「安國站」3號出口,步行約2分鐘

建於西元1405年,位於正宮景福宮的東側,因此也被稱為「東闕」。1618年,朝鮮王朝正宮轉移至昌德宮,之後約250年間,昌德宮取代景福宮作為朝鮮王朝的正宮使用。位於昌德宮北側的後苑,又稱為「祕苑」,為朝鮮時代王室休憩的庭園,超過300年的樹木與涼亭相得益彰,形成協調而優美的景致。每逢秋季楓葉轉紅、落葉紛飛時的景色更是一絕。造訪祕苑必須要跟著導覽進行參觀,可事先上網預約或當天現場購票。

昌慶宮
창경궁

🌐 cgg.cha.go.kr / 🕐 09:00～21:00 / 🈺 週一 / ➡️ 地鐵3號線「安國站」3號出口，步行約15分鐘；地鐵4號線「惠化站」4號出口，步行約10分鐘

創立韓國文字的朝鮮王朝第四代國王世宗大王，在西元1418為退位的父王建造的別宮，明政殿是朝鮮王朝的正殿中歷史最悠久的建築。入口處石牆兩旁與玉川橋畔遍植櫻花，春天時非常美麗繽紛。

德壽宮
덕수궁

🌐 www.deoksugung.go.kr / 🕐 09:00～21:00 / 🈺 週一 / ➡️ 地鐵1號線「市廳站」2號出口，步行約1分鐘；地鐵2號線「市廳站」12號出口，步行約2分鐘

位於市中心區，宛若首爾市民日常休憩公園。原為成宗的兄長月山大君之住所，曾在光海君與高宗時期作為王宮。石造殿是大韓帝國時期接見外國使臣的地方，建築物外觀為19世紀初歐洲流行的新古典主義樣式，現今則成為重現當時王室面貌的大韓帝國歷史館。大漢門前一天進行3次王宮守門將換崗儀式。德壽宮旁往貞洞劇場的石牆路，秋天沿路盡是黃澄澄的銀杏，風景如畫。

光化門廣場
광화문광장

➡️ 地鐵5號線「光化門站」4、7、9號出口；地鐵3號線「景福宮站」6號出口，步行約5分鐘；地鐵1號線「市廳站」4號出口，步行約10分鐘

景福宮南門亦是宮殿正門的光化門，前方的世宗大路在朝鮮時期為六曹大街，是通往王宮的朱雀大路。2009年將16個車道縮減成10個車道，在車道中央設置了光化門廣場。廣場上立有韓國人最尊敬的偉人－發明韓文的世宗大王與抗日英雄

李舜臣將軍的銅像，廣場兩側地面有介紹韓國主要歷史的「歷史水路」，地下則有「世宗故事」展示館，介紹世宗大王的功績與韓文字的歷史。

西村
서촌

➡️ 地鐵3號線「景福宮站」2號出口

　　因位於景福宮西側而得其名，與觀光客絡繹不絕的北村有著迥然不同的氛圍，近代作家李箱、尹東柱與畫家李仲燮等知名人物曾在此居住，使得西村更多了些許的人文藝術氣息。西村一帶有著首爾歷史最悠久的舊書攤「大五書店」、供應青瓦台伙食超過20年的「孝子麵包店」，以及近年來以銅錢買便當餐點而廣受遊客喜愛的「通仁市場」。

付岩洞
부암동

➡️ 地鐵3號線「景福宮站」3號出口出來直行，轉乘1020、7022、7212號等巴士到「부암동주민센터.무계원」站下車後往回走，遇路口左轉

　　從彰義門前順著坡路往上走，沿途很多別具氛圍的咖啡廳，遠離鬧區靜謐悠閒。再往上走，經北岳山SkyWay散步道到首爾夜景名所「北岳山八角亭」，在秋天這條路整排楓葉隨季節轉黃變紅的景色甚是讓人流連忘返。彰義門附近的尹東柱詩人之丘，也是眺望首爾夜景的極佳地點。

清溪川
청계천

🌐 www.sisul.or.kr/open_content/cheonggye / ➡️ 地鐵5號線「光化門站」5號出口，步行約2分鐘；地鐵1號線「市廳站」4號出口，步行約5分鐘

　　位於世宗路的清溪廣場是清溪川起點，自東亞日報前一直到新踏鐵橋間，總長8公里、寬50公尺，共有22座橋墩橫跨在清溪川之上。清溪川在不同路段都有著不同的設計或展示，清溪廣場有噴水與八石壇，廣橋一帶在夜間有雷射水幕、數位花園，長通橋與三一橋間有伴隨著馬蹄聲的正

祖班次圖，東大門一帶的五間水橋有牆面藝術與噴水，兩水橋一帶則有求婚之牆、懷舊木板房、清溪川文化館。

仁寺洞
인사동

➡️ 地鐵3號線「安國站」6號出口，步行約2分鐘

　　位在古宮附近的仁寺洞，早期為貴族居住所在，朝鮮王朝滅亡後，貴族將家中寶物拿出來變賣，演變至今形成古董字畫、陶藝茶具、韓服、民俗工藝品、傳統茶店等商店林立，懷舊氛圍濃厚。購物商場森吉街（Ssamziegil，쌈지길）和Maru（마루）聚集許多韓國設計師的文創商品，假日時還會有傳統民俗技藝表演，深受外國遊客喜愛。

北村韓屋村
북촌한옥마을

🌐 bukchon.seoul.go.kr/chi / ➡️ 地鐵3號線「安國站」2號出口直行7分鐘即可抵達

　　昌德宮旁的北村，號稱是首爾韓屋村保持最完整的聚落。因靠近景福宮、昌德宮，朝鮮時代即成為貴族居住地，不過現今樣貌大多已是20世紀初期所改建。嘉會洞31號一帶有著密集的韓屋景觀，是最熱門的景點。由於這些住宅皆有人居住，絡繹不絕的人潮對居民造成極大不便，遊覽此地請務必保持安靜。建議可先到「北村文化中心」索取地圖，按圖索驥才不會迷路。

圖片提供／孟小岑

曹溪寺
조계사

🌐 www.jogyesa.kr / ➡️ 地鐵1號線「鐘閣站」2號出口，步行約5分鐘

　　曹溪寺是韓國佛教最大宗派曹溪宗的總中心，主殿大雄殿的規模媲美朝鮮時代宮殿的殿閣。寺內庭園中有一棵樹齡5百年以上的老白松，被指定為天然紀念物第九號；在大雄殿正面聳立的槐樹也有4百年樹齡。因為是在市區裡就可以接觸

到韓國佛教文化的寺廟聖地，吸引許多遊客來訪。每年5月紀念釋迦誕辰日，以曹溪寺為中心在鐘路一帶舉辦盛大的「燃燈節」慶典活動。這裡也有提供外國人寺院寄宿體驗。

三清洞
삼청동

➡️ 地鐵5號線「光化門站」2號出口前轉乘鍾路11號小區巴士到「삼청파출소」站下車；或地鐵3號線「安國站」1號出口出來直行，第二個巷子右轉步行即可進入三清洞街區

　　因位於北村的範圍，三清洞街道上的咖啡廳仍留有部分古色古香的傳統韓屋架構，並融合現代元素而呈現出別具風味的樣貌。早期逛三清洞主要是沿著景福宮石牆路轉進三清派出所的三清路，旅遊雜誌《Travel+Leisure》曾介紹過這裡是充滿藝術氣息的街道；隨著人氣增漲，現在店家聚集的範圍擴大到周遭的八判街、栗谷路一帶。

南山谷韓屋村
남산골한옥마을

🌐 www.hanokmaeul.or.kr / 🕐 09:00～21:00(4～10月)、09:00～20:00(11～3月) / 休 週二 / ➡️ 地鐵3、4號線「忠武路站」3、4號出口間巷子直行

　　位於南山山腳下的南山谷韓屋村內的韓屋並非該地原有的家屋，而是將他處有著純正韓屋結構的5棟傳統建築遷移至此。分別是鍾路區三清洞五衛將金春營家屋、貫勳洞駙馬都尉朴泳孝家屋、玉仁洞純貞孝皇后尹氏親家、東大門區祭基洞海豐府院君尹澤榮齋室，及中區三角洞的都邊首李承業家屋，常舉辦各種文化體驗活動，戶外廣場上則會定期表演傳統民俗戲曲。

東大門設計廣場DDP
동대문디자인플라자

🌐 www.ddp.or.kr / ➡️ 地鐵2、4、5號線「東大門歷史文化公園站」1號出口

　　建於東大門運動場舊址的東大門設計廣場DDP，是建築師札哈・哈蒂（ZahaHadid）以「設計創造產業發源地」概念所設計興建的複合式文化空間，主要設施為藝術中心、文化中心、設計學術館、東大門歷史文化公園、和諧廣場、設計市集，在此進行國際會議、新品發表會、時裝秀、演出等商務與文化活動。東大門設計廣場DDP曾獲紐約時報選為「全球必去的52個旅遊景點」之一。

南山公園・N首爾塔
남산공원・N서울타워

http www.seoultower.co.kr / ◐ 週一～五10:30～23:30，週六、日10:00～23:00 / ➡ 地鐵3、4號線「忠武路站」2號出口轉乘01A、01B南山循環巴士到終點站下車

南山公園林木蓊鬱，春櫻秋楓，四季景色皆美。由於高度不高，常見市民沿步道石階登山運動。N首爾塔塔高236.7公尺，為欣賞首爾夜景的最佳地點，推薦傍晚時分前往，可同時欣賞到白天與夜晚的景致。首爾塔底部已被改建為首爾塔廣場，變身為全新的複合文化中心，可自由參觀。

圖片提供／李孟岑

清潭洞
청담동

➡ 地鐵水仁盆唐線「狎鷗亭羅德奧」站5號出口

清潭洞是首爾一個迷人的地區，作為首爾的時尚文化據點，融合了獨特的藝術、設計和美食元素，擁有高級的氛圍感和各種令人垂涎的小店，在這一帶散步，能觀察到現代都市的最新脈動。其中，推薦特色小店 WIGGLE WIGGL，販售各種別致的設計師商品，每一件都很有風格；知名的司康店Vesi以精緻的司康烘焙聞名，吸引眾多甜點愛好者。

▲ WIGGLE WIGGL

▲ Vesi司康店

大學路
대학로

➡ 地鐵4號線「惠化站」下車

羅馬尼矣公園一帶，每到週末都會有多采多姿的街頭表演，整個街區充滿濃厚的藝術氣息。因熱門韓劇《來自星星的你》取景拍攝而成為劇迷爭相前往朝聖的「學林茶館」也位於這條路上。

首爾漢陽都城路
서울한양도성길

http seoulcitywall.seoul.go.kr ／ ➡ 地鐵4號線「漢城大入口站」4號出口出來，往加圖立大學後側路，順著駱山公園方向沿路散步至興仁之門

　　漢陽都城路就是大家熟知的「首爾城郭路」，沿途有4座小山丘及4道城門，分有4條遊覽路線。最適合遊客散步的路段，要數第二路線的駱山區間，興仁之門沿東大門城郭公園緩步上山，可到梨花壁畫村、駱山公園，沿途坡度不陡，適合一邊散步一邊欣賞風景。特別推薦從高處俯瞰的日落與夜晚景致，城市的璀璨燈火與城郭的隱隱照明交相輝映，呈現出令人驚豔的絢麗美景。

文廟・成均館
문묘．성균관

🕐 09:00～18:00(3～10月)、09:00～17:00(11～2月) ／ ➡ 地鐵4號線「惠化站」1號出口前轉乘종로08號小區巴士到「성균관대학교」站下車

　　成均館大學首爾校區入口旁的成均館是韓國朝鮮王朝時期的最高學府，現保留著包括明倫堂和大成殿等18棟舊建築。明倫館在古時是講壇，兩側的東齋和西齋則是集體宿舍，明倫堂前有2棵600年樹齡的參天古銀杏樹，是成均館大學的標誌，被列爲韓國第59號天然紀念物。文廟是供奉孔子及其他古代聖賢的牌位，進行一般祭祀活動的祠堂。

慶熙大學
경희대학교

➡ 地鐵1號線「回基站」1號出口前轉乘동대문01號小區巴士到「경희대의료원」站下車

　　慶熙大學首爾校區位於回基洞，以哥德式建築校園聞名，校內的「和平的殿堂」常舉辦各大頒獎典禮與演唱會、選秀節目。噴水池旁的建築，由十多支白色石灰石柱子支撐佇立，是該校的一大看點。

汝矣島漢江公園
여의도한강공원

➡️ 地鐵5號線「汝矣渡口站」2、3號出口

位於韓國政治經濟中心汝矣島的水邊公園，春天有櫻花季，秋天有世界煙火節，還有馬拉松大會、文化演出等各種活動。設有水光廣場、水上舞臺、噴水池、光之瀑布、鋼琴水道、節慶樂園、快艇碼頭、遊覽船等多種休閒娛樂設施，廣受市民喜愛。

63廣場
63스퀘어

http www.63art.co.kr/home/63ART/main.do / 🕙 10:00～22:00 / ➡️ 地鐵5號線「汝矣渡口站」1號出口，轉乘5633、5634號巴士到「63빌딩.가톨릭대학교여의도성모병원」站下車；免費接駁巴士請查詢官網

63廣場（63大廈）是位於汝矣島的摩天樓，樓高249公尺，擁有63天空藝術城、63海洋世界、63蠟像館等多項設施。位於60樓的觀景台，可將漢江從廣渡口至幸州大橋景色盡收眼底。

奉恩寺
봉은사

http www.bongeunsa.org / ➡️ 地鐵9號線「奉恩寺站」1號出口

位於江南最中心的繁華地帶，奉恩寺建於新羅時期，擁有千年歷史。寺內掛著秋史金正喜所題匾額的板殿，保存華嚴經、金剛經等十來種共3,479個佛經經板。寺內有座高23公尺、韓國最大的彌勒大佛，佛像溫和的笑容令人心平氣定。

The Hyundai Seoul 購物中心

http www.ehyundai.com / ➡️ 地鐵9號線「汝矣島站」3號出口出來步行約10分鐘；或地鐵5號線「汝矣渡口站」1號出口出來步行7分鐘

韓劇《淚之女王》中女主角經營的百貨公司取景地！面積有13個足球場大，其天花板由玻璃組成，可享受自然光線下的購物樂趣。耶誕節會有非常精緻的裝飾，推薦12月到訪。

以上圖片提供／The Hyundai Seoul

漢江
한강

🌐 www.elandcruise.com(漢江遊覽船) / ➡ 地鐵5號線「汝矣渡口站」3號出口出來步行約7分鐘 / ℹ 提供自助餐的遊覽船僅限事先預約，無法現場購票

漢江全長60公里，蜿蜒流經首爾市中心，將城市一分為二。白晝清麗壯闊，黃昏光輝閃耀，像條金色絲帶，夜晚江畔高樓燈影映照下，好似繁星銀河。24座橋橫跨其上，造型各異，搭乘漢江遊覽船是欣賞漢江美景的最佳方法，在汝矣島、蠶室設有渡船口。

仙遊島公園
선유도공원

🕐 06:00～24:00 / ➡ 地鐵2、6號線「合井站」5、10號出口間的巴士專用道，搭乘5714、602、604、6716、67112號巴士到「선유도공원」站下車

仙遊島公園名字就是「神仙來遊玩」的意思，是由淨水場改建的生態公園。島上種有四季林木與花卉，以及許多別具氛圍的造景景觀，是拍攝婚紗照的熱門地點。連結仙遊島的仙遊橋，其月牙型的拱橋在夜晚燈光的照映下，甚是美麗，又被稱為彩虹橋，是首爾著名的美麗夜景之一。

新沙洞林蔭道
신사동 가로수길

➡ 地鐵3號線「新沙站」8號出口出來直行約3～4分鐘

地鐵新沙站到狎鷗亭現代高中一帶，全長約700公尺的路旁滿是銀杏樹，也因此得其「林蔭道」的稱號。林蔭道主街上大多是品牌時裝店，巷弄內則有許多特色咖啡廳，令人驚豔的甜點更使得這裡人氣高漲。每到週末假日總是一位難求，建議選在平日前往較佳。

新村
신촌

➡️ 地鐵2號線「新村站」2、3號出口出來即可抵達

　　新村位於首爾的中心地帶，漫步在韓國新村的街道上，馬上感受到大學生的活力與年輕氣息！不僅有各式美妝保養品店、眾多餐廳與咖啡廳，還有各種繽紛的塗鴉、藝術裝置和擁有獨特建築風格的店。喜愛逛街的朋友們，也別錯過這裡的現代百貨公司，新村實在是一個充滿生氣、融合創意的城市角落！

盤浦大橋月光彩虹噴泉
반포대교 달빛무지개분수

🕐 淡季(4～6月、9～10月)19:30、20:00、20:30、21:00，旺季(7～8月)12:00、19:30、20:00、20:30、21:00、21:30 / ➡️ 地鐵3、7、9號線「高速巴士客運站」8-1號出口，直走到高架橋處右轉，經過cu便利超商後，往左邊過馬路後，走潛水橋地下道進入河畔公園

　　橫越漢江的盤浦大橋，是獨特的兩層式橋梁，第一層在夏季豪雨時會淹沒在水中，因此被稱為「潛水橋」。首爾市政府在橋上設計380個噴嘴，將漢江的水噴射出去，配合彩色燈光，幻化出七彩彩虹。另一邊則為漢江新地標「三島」，為人工填海的漂浮島，夜晚玻璃帷幕的LED燈亮起來，非常美麗。

圖片提供／李孟苓

行家祕技

當地人最愛的特色街區

益善洞 익선동

➡️ 地鐵3號線或5號線「鐘路3街」4、6號出口出來，過到對街即為益善洞街區起始點

　　益善洞以超過百年歷史的韓屋街道聞名，雖稍加改造過，卻不失韓國傳統風味，由5～10條窄巷交叉形成，走在巷弄間，彷彿穿越回到了古代朝鮮。益善洞逛上3、5個小時都不無聊，餐廳、小吃、酒吧、飾品店等應有盡有，甚至還有韓屋guest house和小飯店。

京義線書街 경의선책거리

🌐 gbookst.or.kr / 🕐 週二～日11:00～20:00；戶外擺攤：不定期週末，需參考網站公告 / ➡️ 地鐵機場線、京義中央線或2號線「弘大入口站」6號出口

　　位在京義線森林公園的弘大端，週末不定期會有獨立出版作者在書街擺攤，也有街頭文化表演，不僅販售書籍，也進行與其他出版者、讀者的交流。獨立出版的內容多元，包含詩集、散文、電影書籍等，提供愛書人一個休閒空間。

玩樂篇

首爾近郊推薦景點

近郊的景色優美，且能更深入體驗韓國的歷史及文化。

小法國村
쁘띠프랑스

京畿道加平郡

http www.pfcamp.com / © 09:00～18:00，閉園時間隨四季及天氣不同變動 / ➡ 從地鐵「上鳳站」搭乘京春線到「清平站」，轉乘加平觀光巡迴巴士

以法國童話故事「小王子」為主題而打造的中世紀法國童話村，浪漫的法國鄉村屋舍座落在小山坡上，童話般的亮麗色彩，美麗的莊園花草，讓人宛如置身歐洲小鎮。優雅的異國風情，吸引多部韓劇如《貝多芬病毒》、《祕密花園》、《來自星星的你》等前來取景，成為近年來爆紅的熱門景點。冬季舉行的「小王子星光節」以眾多燈飾妝點小法國美麗的建築與夜晚的街道，呈現如童話般的夢幻氛圍。

真善美瑞士主題公園
에델바이스 스위스 테마파크

京畿道加平郡

http www.swissthemepark.com / © 09:00～18:000 / $ ₩8,000 / ➡ 地鐵上鳳站搭乘京春線到清平站，2號出口前搭乘計程車，車資約₩22,600

繽紛多彩的建築物沿著小山坡延展而成的瑞士城鎮面貌，如畫的風景十分迷人可愛。售票處2樓的瑞士主題館將瑞士的鄉村風景、火車軌道、馬特洪峰、少女峰等以縮小模型方式呈現，而在以首都伯恩的象徵「熊」為主題打造而成的伯恩熊主題館內，可戴著熊面具與巨型熊玩偶一起拍照留念。園區內還有聖誕村、巧克力博物館、起士博物館等各種主題的博物館、主題館，讓訪客更能感受到瑞士的異國情趣。

晨靜樹木園
아침고요수목원

京畿道加平郡

http morningcalm.co.kr / ⓒ 週一～五、日11:00～21:00，週六11:00～23:00 / ➡ 從地鐵「上鳳站」搭乘京春線到「清平站」，1號出口前搭乘30-6號巴士

　　由20多個栽種著各式美麗草坪和花圃的庭園所構成，占地約10萬餘坪，是極具風格特色的藝術庭院。遊客在此可以舒適愜意地享受大自然山林浴，並欣賞到各式各樣美麗的野生花草。晨靜樹木園配合花季都會舉辦各種慶典，春天有春花慶典，夏天有鳶尾花、繡球花、木槿花慶典，秋天的菊花、楓葉慶典更是吸引大批遊客。冬天則有五色星光庭園展，數萬棵樹上布置著形形色色的燈光，呈現出夢幻的景觀。

高句麗冶鐵村
고구려 대장간마을

京畿道九里市

http www.guri.go.kr/main/gbv / ⓒ 09:00～18:00，11月～2月09:00～17:00 / ➡ 地鐵5號線「廣渡口站」3號出口出來直行，轉乘95、1-1、9號等巴士到「우미내검문소.고구려대장간마을」站下車，過馬路後沿路牌標示步行約8分鐘

　　韓民族歷史上，高句麗時代的領土範圍最大，其國家象徵與發展的動力皆來自於鐵器文化。在峨嵯山山麓下的高句麗冶鐵村為主題展示園區，設有直徑達7公尺的「水車」與兩層樓高的「火爐」等設施，規模浩大地重現了高句麗時代的村莊風貌。此處以裴勇俊主演的電視劇《太王四神記》拍攝地聞名，吸引了眾多遊客前來參觀。

兩水頭
두물머리

京畿道楊平郡

➡ 地鐵中央線「兩水站」1號出口出來直走到底，過馬路往右轉過橋後第一個巷子左轉直走即可到兩水頭，步行約需35分鐘；建議直接搭乘計程車前往，車資約₩5,600

　　兩水頭位於楊平郡兩水里，地理位置正處於北漢江與南漢江交會處，因而得此「兩水」之名。清晨時分在瀰漫的水霧籠罩下，再加上一眼望去層層疊疊的山頭所呈現出的漸層美，以及映照在江水中的倒影，整個畫面就有如一幅充滿仙境氛圍的水墨畫作，也因此經常被選為婚紗、電影、廣告與電視劇的拍攝場景。除了清晨水霧營造出的迷濛仙氣之外，傍晚日落餘暉的景色也很美。

夢想照相機咖啡廳
꿈꾸는사진기

`京畿道楊平郡`

🌐 www.facebook.com/cafedreamy / 🕐 11:00～18:00 / 🈲 週日與週一 / ➡️ 地鐵中央線「龍門站」1號出口前搭乘計程車，車資約₩13,500

相當熱愛攝影的老闆結合自身的興趣，打造出復古相機造型的咖啡廳，在2013年被美國Buzzfeed評選為「死前必訪的25間咖啡廳之一」。巨大的紅黑色調復古照相機聳立在一望無際的田野環境中十分地醒目，店內則擺設了許多老闆珍藏的老相機。坐在咖啡廳裡透過相機鏡頭般的窗戶欣賞著窗外的風光，如畫美景都像一張張的照片般鮮明地留存在腦海裡。

龍門寺
용문사

`京畿道楊平郡`

🌐 www.yongmunsa.biz / 🕐 日出～日落 / ➡️ 地鐵中央線「龍門站」1號出口前轉搭市內巴士到「용문사」站下車

龍門山山腰上坐落著新羅神德王2年（西元913年）大鏡大師建造的龍門寺，庭院內有棵樹齡超過1,100年，高60公尺，周長14公尺，可說是亞洲之最的銀杏樹，因而被列為天然紀念物第30號，每到秋天遊客絡繹不絕。從龍門寺沿著溪谷往上走，沿途可見到龍形浮刻、岩石庭院、正智國師浮屠等秀麗景致。市內巴士下車處為龍門山的入口，沿著緩坡步行約30分鐘即可到龍門寺。

洗美苑
세미원

`京畿道楊平郡`

🌐 www.semiwon.or.kr / 🕐 一般觀覽09:00～18:00，7～8月09:00～20:00 / ➡️ 地鐵中央線「兩水站」1號出口出來直走到底，過馬路左轉再步行約2分鐘

洗美苑的名稱出自於觀水洗心、觀花美心的古語。占地18萬平方公尺，設有6座池塘，栽種著蓮花、水蓮、菖浦等代表性的水生植物，打造出兼具觀賞與教育意義的自然淨化公園。園區內洗衣板模樣的步道展現了觀看漢江水以洗滌身心的象徵意義，造景設計還展示了詩畫作品，讓遊客在欣賞水蓮與蓮花等美景時也同時豐富心靈。蓮花的花期約是6～9月，是造訪的最佳時期。

普羅旺斯村
프로방스 마을

京畿道坡州市

http provence.town / 地鐵2號線「合井站」8號出口前轉搭2200號巴士到「맛고을.국립민속박물관」站下車，站牌對面的馬路直行約15分鐘

由法式餐廳開始發展，其後陸續有歐風麵包店、咖啡廳、餐廳、服裝與飾品店等各色店家進駐，於是形成了現今主題型的休閒村。漫步在五顏六色的建築之中，有種彷彿置身歐法莊園的氛圍。園區內「PROVENCE」與「류재은」這兩間麵包店的大蒜麵包非常有名，值得一試。冬季以「美麗的童話世界」爲主題舉辦大型燈節，把耳熟能詳的童話打造成立體燈飾，是不可錯過的夢幻景象。

京畿坡州英語村
경기미래교육 파주캠퍼스 (구 경기영어마을 파주캠프)

京畿道坡州市

http www.instagram.com/g_future_campus / 09:30～18:00 / 地鐵2號線「合井站」8號出口前轉搭2200號巴士到「법흥3리.헤이리8번게이트」站下車，繼續直行約5分鐘即可在馬路的對面見英語村 / ■ 週一～二僅開放一般觀覽

強調學習（Education）、體驗（Experience）及遊戲（Entertainment）的重要性，塑造一個提供英語會話的空間，讓來訪的遊客能夠有身處在英語國家般的感覺。入場後會拿到一本護照，工作人員會在護照上蓋章，如同機場海關的驗票所。英語村內設有教育會館、體驗教育館、主題展示體驗館、兒童體驗館、兒童劇場等設施。除週一、週二之外都會舉辦多項的體驗活動。

坡州出版都市
파주출판도시

京畿道坡州市

http www.ibookcity.org/2012 / 智慧之林一館10:00～17:00、二館10:00～20:00、三館24小時開放 / 地鐵2號線「合井站」8號出口前轉搭2200號巴士到「다산교앞」站下車

以圖書爲主題，主要核心是結合了圖書館、二手書店、咖啡廳、藝廊及餐廳等多元使用的「亞洲出版文化資訊中心」，最有名的是位於1樓被稱之爲「智慧之林」的開放型圖書館，50多萬冊藏書全部都是捐贈而來，與天花板齊高，達8公尺長的大型書架非常壯觀。

玩樂篇

Heyri藝術村
헤이리 예술마을

京畿道坡州市

http www.heyri.net / 休 週一(部分店家) / ➡ 地鐵2號線
「合井站」8號出口前轉搭2200號巴士到「헤이리1번
게이트」或「헤이리4번게이트」站下車

　集結韓國作家、藝術家、製作人、建築家及音
樂家等作品創作而成的一個藝術村。秉持著與大
自然共存的理念,藝術村內所有的建築物不超過
3層樓,居家住宅、個人工作室、美術館、博物
館等都各有風格特色。部分藝術家會在Heyri藝術
村內創作,同時也在現場販售作品。園區內有許
多兼具藝術作品展示的咖啡廳、餐廳,由於建築
極具設計感,吸引不少韓劇前往取景拍攝。

一山湖水公園
일산호수공원

京畿道高陽市

http www.goyang.go.kr/park / ➡ 地鐵3號線「鼎鉢山
站」1號出口出來,往公園方向步行約10分鐘

　面積達30萬坪,為亞洲最大的人工湖水公園。
園內有100多種野生花卉與20萬棵蒼翠茂盛的樹
木,自行車專用道與行人散步道環繞著湖水,還
有兒童遊戲區、音樂噴泉等設施,也可在開放
區域的草地上野餐,因而成為民眾喜愛的休憩空
間。春天除了櫻花樹盛開,還會舉辦展示更多奇
花異草的「高陽國際花卉博覽會」。連續劇中的
公園場景大多是於此取景拍攝,公園中還特別設
置了《來自星星的你》的拍攝位置標示牌。

一山海之星Aqua Planet
아쿠아플라넷 일산

京畿道高陽市

http www.aquaplanet.co.kr/ilsan / 🕐 10:00～18:00 / ➡ 地鐵3號線「注葉
站」3號出口出來過馬路,沿著公園直行約13分鐘

　水族館和動物園並存是其最大特色,分為海洋生物的「The
Aqua」區和陸地動物的「TheJungle」區,以及室外的「The Sky
Farm」區,總計約有25,000隻動物,除了海洋生物外,還有海象、
水獺和企鵝等水陸動物、美洲豹和環尾狐猴等陸上動物以及鳥類。
這裡也是韓劇《淚之女王》中,男主角向女主角第一次求婚的拍攝
地點。

水原華城
수원화성

京畿道水原市

http www.swcf.or.kr/china / ➡ 地鐵1號線「水原站」4號出口前轉搭11或13巴士到「팔달문」站下車

　　水原位在首爾南邊，最著名的景點「華城」被聯合國教科文組織列為世界文化遺產。城牆全長5.52公里，有4座城門，牆上有射擊孔，戰時可攻可守，被認為是韓國最科學的城牆。通常由八達門進入城牆，得先爬上一段階梯，然後沿著城牆走，繞一圈大約要1.5～2小時，體力不濟者則有龍頭造型的華城列車可乘坐。

利川陶藝村
사기막골도예촌

京畿道利川市

http sagimakgol.com / ◑ 09:30～18:00(每間店營業時間與休息日稍有不同) / ➡ 東首爾巴士客運站(地鐵2號線「江邊站」)搭乘往利川的巴士8103號到「사음2동도예촌」站下車，車程約1小時

　　利川是製作舉世聞名「朝鮮白瓷」的核心城鎮，在此可輕易買到製陶的原料。陶藝村被列為利川九景中的第九景，隨著時間變遷，陶藝村形成的範圍也有所轉移，近年提到利川陶藝村指的就是「사기막골도예촌」。在陶藝村可以買到各式美麗的瓷器，不僅有青瓷、白瓷和粉青等觀賞性瓷器，也有現代感的生活用瓷器，充滿韓式傳統文化特色，是在地人推薦必訪的民俗景點！

韓國民俗村
한국민속촌

京畿道水原市

http www.koreanfolk.co.kr / ◑ 09:30～18:00(週末18:30)，開放時間隨季節略有不同，請見官網 / ➡ 地鐵1號線「水原站」4號出口前，轉搭37號巴士到「삼정선비마을」站，免費接駁車資訊請見官網

　　重現朝鮮時代生活樣貌的傳統文化主題公園，不僅有當時各地區的農宅、民宅、官衙、書院、韓藥材店等，還可看到裝扮成朝鮮時代的人，讓遊客有進入時光旅行的感覺。園區內農樂、馬術武藝、傳統婚禮儀式等公演是不可錯過的看點。在市集可品嘗到綠豆煎餅、蔥餅等傳統下酒菜，

搭配韓國小米酒「多多酒」享用，格外有在地的風味。

抱川香草島樂園
포천 허브아일랜드

京畿道抱川市

🌐 herbisland.co.kr / ✉ 京畿道抱川市新北面青新路947號街35 / 🕐 10:00～21:00、週六10:00～23:00、週日10:00～22:00 / 休 週三 / ➡ 地鐵1號線「逍遙山站」1號出口，在對面方向轉搭57、57-1號巴士到「삼정리허브아일랜드」站下車，過馬路步行約10分鐘

　　號稱韓國最大規模的室內香草植物園，設有戶外庭園、香草博物館與生活香草展示館等設施，還有以香草佐菜的餐廳、咖啡廳、麵包店，以及各種香草相關產品的禮品店與芳香療法體驗室。原本多季限定的「燈光童話節」，因有《Oh My Venus》、《海德、哲基爾與我》在此拍攝夜景而吸引更多遊客到訪，園方順勢將此改為全年常設景點。

光明洞窟
광명동굴

京畿道光明市

🌐 www.gm.go.kr/cv/index.do / ✉ 京畿道光明市駕鶴路85街142 / 🕐 09:00～18:00，旺季(7～8月)09:00～21:00(最後入場為閉館前1小時) 休 週一 ➡ 搭乘KTX或地鐵1號線到「光明站」，8號出口前轉搭17、77號巴士到「광명동굴」站下車，再步行約8分鐘

　　由廢棄礦坑改建，全長7.8公里，是首都圈唯一的觀光洞窟。由洞窟水世界、洞窟藝術殿堂、黃金瀑布、黃金路以及黃金宮殿等壯麗景觀和文化藝術所組成的空間，呈現神祕奇幻的氛圍。紅酒洞窟內分為酒窖區與試飲區。在韓國人氣綜藝節目《Running Man》中曝光後，吸引許多遊客造訪，成為新興熱門景點。洞窟內溫度較低，陣陣涼風能消除夏日炎熱，被視為自然的避暑景點。

始興名牌折扣購物中心
시흥 프리미엄 아울렛

京畿道始興市

✉ 京畿道始興市西海岸路699 / 🕐 10:00～21:00 / ➡ 地鐵2號「線舍堂站」9號出口出來搭乘5528號巴士，抵達首爾大學校.齒科病院.動物病院後轉乘3500號巴士，於新世界始興名牌折扣中心下車

　　坐落首爾近郊的人氣商場，匯聚時尚界的精華，涵蓋眾多知名品牌，以獨特的購物體驗和多樣豐富的品牌而聞名，並提供划算的折扣商品。特別值得一提的是耶誕節，色彩繽紛的燈飾、華麗的擺設，整個購物中心變身成一座璀璨的耶誕村，處處瀰漫著節慶的氛圍。

盆唐三大咖啡街

盆唐地區有3條有名的咖啡街，是許多韓劇的拍攝取景地，3條街氛圍都不相同，隱藏著許多優質小店，值得一逛。

亭子洞咖啡街 정자동카페골목

京畿道城南市

➡ 地鐵盆唐線或新盆唐線「亭子站」5號出口，往回走過馬路，左轉沿街區步行約4分鐘

　　在盆唐第一個形成的咖啡街區，裝潢別致的咖啡廳與餐廳坐落在住商複合大樓的1樓，不僅沿著大樓外圍道路開設，轉進社區空間，放眼望去也都是咖啡廳大部分的店家都打造了開放式的窗台與露天座位，來這裡喝咖啡，會有種融入當地居民生活的感受。

柏峴洞咖啡街 백현동카페문화거리

京畿道城南市

➡ 地鐵新盆唐線線或京江線「板橋站」3號出口，過馬路直走步行約15分鐘；或2號出口出來到馬路往左走，轉搭76號巴士到「신백현중학교.단독택지」站下車，再步行約8分鐘

　　也稱為板橋咖啡街，這裡有許多歐洲情調的餐廳、咖啡廳與服飾店，寬敞的街道設置了休憩座椅、噴水池等。《來自星星的你》第一集結尾，金秀賢騎腳踏車經過的咖啡廳正是頗具盛名的I'm Home(아임홈)，《看見味道的少女》、《又是吳海英》等劇也都看得到柏峴洞咖啡街。

寶亭洞咖啡街 보정동카페거리

京畿道龍仁市

➡ 地鐵盆唐線「竹田站」2號出口往右，穿過新世界百貨到馬路左轉，直走到EMART前往橋的方向，過馬路直行約5分鐘

　　在住宅區巷道內形成的咖啡廳街區，也稱為竹田咖啡街。約有50多間裝潢可愛的咖啡廳、餐廳、服飾店。在《紳士的品格》劇中曝光後隨即躍升為人氣景點。《紳士的品格》取景的咖啡廳是開業最久的「艾可的書齋」，一整面牆的原木書架，讓人同時品味書香與咖啡香。

玩樂篇

江村鐵道自行車
강촌레일파크

江原道春川市

http www.railpark.co.kr / © 09:00～17:30發車(根據季節有所調整，行前請查詢官網) / ➡ 地鐵「上鳳站」搭乘京春線到「金裕貞站」，出口後往右步行約5分鐘

　　韓國近來流行將廢棄鐵道改爲四輪自行車道，遊客協力踩著踏板沿著山與江邊的鐵軌向前行進，隧道內還裝有會變換色彩的燈光和節奏輕快的音樂，別有一番趣味。目前營運路線爲金裕貞站往江村站的單向路線，騎乘鐵路自行車6公里到休息區，讓遊客下車稍作歇息，再換乘浪漫列車前往江村站。抵達江村站可搭乘接駁車返回金裕貞站。假日最好提前線上預約，以免客滿。

圖片提供／李孟苓

南怡島
남이섬

江原道春川市

http namisum.com / © 08:00～21:00發車 / ➡ 從地鐵上鳳站搭乘京春線到「加平站」，出口前搭乘加平觀光循環巴士

　　原本是民眾假日，以及學生MT（約會）時喜愛前來的踏青郊遊場所，因經典韓劇《冬季戀歌》在這裡取景，而成爲海外遊客的必訪景點。由寬廣的綠草地、蔥鬱的森林和碧綠的湖水圍繞，四季各有風貌。冬季走在白雪飄落的林道間，讓人腦中浮現《冬季戀歌》的畫面，而秋季漸層紅豔的百楓密園，及整條由綠轉黃的銀杏道，也是如詩如畫。

*Jade Garden*樹木園
제이드가든 수목원

江原道春川市

http pse.is/5hyjth / © 09:00～18:00 / ➡ 地鐵「上鳳站」搭乘京春線到「屈峰山站」，1號出口前搭乘接駁巴士南山5

　　以「在森林裡遇見小歐洲」的概念所建構的樹木園，約5萬坪的園區沿著溪谷間的狹長地形而建，擁有多達3,000種的各類花卉、植物與樹木，義大利托斯卡尼式的建築物有濃濃的歐州風情。許多電視劇電影來到這裡拍攝取景，最爲人熟知的就是《那年冬天風在吹》、《愛情雨》、《寵物情人》。週末、國定假日及寒暑假期開放夜間觀覽，閉園時間與接駁巴士班表請至官網查詢。

昭陽江 Sky Walk
소양강 스카이워크

江原道春川市

🕐 10:00～21:00(3～10月)、10:00～18:00(11～2月)
／ ➡ 從地鐵「上鳳站」搭乘京春線到「春川站」，1號
出口出來轉搭計程車，車資約為₩3,800

　　位於春川衣巖湖，橋面從岸邊延伸至湖中的斑
鰍魚雕像前，地板及圍欄皆是以透明強化玻璃打
造，長156公尺，是目前韓國最長的玻璃橋面，
也是人氣景點。藍天白雲鏡射於玻璃橋面，走在
其上有如漫步雲端；橋面下湖水清晰可見，又讓
人產生行走水面上的刺激感。需先穿上鞋套才能
入場參觀。站在湖中央的圓形廣場可盡覽周邊景
色，夜間有燈光映照更顯五彩繽紛。

正東津站
정동진역

江原道江陵市

➡ 從「清涼里站」搭乘無窮花號前往「正東津站」，車
程約5小時

　　據傳是世界上離海洋最近的火車站，月台旁
就是靠海的沙灘。是欣賞日出的名所，早期也因
是膾炙人口的《沙漏》外景拍攝地而聞名。從清
涼里站搭乘夜班火車抵達正東津站約是04:30左
右，可在火車站候車室或《我們結婚了》節目中
出現過的「SUN」咖啡廳休息，等待日出。每年
固定於歲末舉辦「正東津日出節」，於元旦時進
行沙漏時鐘翻轉式、煙火秀、歌手表演等迎日活
動。12月31日出發的夜班火車票往往在一個月前
開放預購時就售罄，熱門程度可見一斑。

注文津防砂堤
주문진방사제

江原道江陵市

➡ 注文津巴士客運站出來往左直行，過橋後的第一個巷子左轉直行即可
到海邊路，往右轉直行會先經過防波堤，再繼續走就會看到一長三短的
防砂堤，《鬼怪》拍攝位置是在第二個短防砂堤

　　防砂堤是爲防止漂砂入侵港口航道或泊地，垂直海岸線延伸而
設置的堤防。注文津港旁的防砂堤原本並無特別之處，自從在人
氣韓劇《鬼怪》中出現後，成爲劇迷模仿主角拍攝情景的熱門景
點。沿著海岸線步行可順遊注文津港、注文津水產市場等景點。

鏡浦 / 江門 / 安木海邊
경포/강문/안목해변

江原道江陵市

➡ 江陵巴士客運站前搭乘206、207號巴士到「초당분수공원」下車，往海邊方向步行

　　由鏡浦湖往江陵港方向有三個海灘，名字依序為鏡浦、江門、安木。鏡浦海邊以韓國東岸最大的海岸聞名，每到夏季都會在海邊的常設舞台舉辦夏夜藝術慶典。江門海邊在海灘上設置了鑽石戒指、畫框等造型座椅，是遊客拍下「到此一遊」照片的最佳位置。《她很漂亮》的男女主角在鑽石戒指座椅對話的畫面，就讓人留下深刻印象。安木海邊沿路開了許多特色咖啡廳，形成「江陵咖啡街」，可在露天座位邊喝咖啡邊看廣闊海景，享受愜意時光。

烏竹軒
오죽헌

江原道江陵市

http www.gn.go.kr/museum / ◷ 09:00～18:00 / ➡ 江陵巴士客運站前搭乘202號巴士到「오죽헌」下車，過馬路後再步行約5分鐘

　　出現在5,000韓元紙幣正面的烏竹軒，因屋邊遍植深色竹子而得其名。建於朝鮮中宗時期，為著名學者兼政治家栗谷李珥的故居，也是其母申師任堂(朝鮮時代第一位女畫家)出生與生長的居所。是韓國現存古屋中，年代最久遠的木造建築，於1963年被指定為寶物第165號。園區裡還有御製閣、栗谷紀念館、江陵市立博物館等建築。烏竹軒在講述申師任堂故事的《師任堂，光之日記》劇中也常出現。

江陵大關嶺天空牧場
대관령하늘목장

江原道江陵市

http skyranch.co.kr/story / ◷ 冬季09:00～17:30，夏季09:00～18:00 / ➡ KTX「珍富站」下車後，轉搭240號巴士於차항2리下車，再搭計程車前往，車資約₩8,400

　　牧場位於大關嶺山頂，擁有壯麗的自然風景。空氣清新，綠草如茵，讓人心曠神怡。特別是在冬季，整個牧場被白雪覆蓋，景色壯麗迷人。欣賞雪景外，牧場還有可愛的動物可以親近接觸、參加各種趣味體驗，如與羊群奔跑、騎馬和餵食小牛小馬等。

韓國各地推薦景點

韓國不只首爾好玩，北中南都各有特色。

仁川市

仁川唐人街
인천 차이나타운

➡️ 地鐵1號線或水仁線「仁川站」1號出口，過馬路即是

1905年起位於現在唐人街內的「共和春」開幕營業，其後中華餐館一間間興起林立，形成熱鬧繁華的商圈。現今街道上除販售各類華人食品外，傳統韓國糖餅和各種具有中式特色風格的裝飾品及生活用品更是琳瑯滿目，假日遊客絡繹不絕。到這裡吃炸醬麵之餘，推薦順道參觀炸醬麵博物館，館內展示從仁川港開港時期誕生的炸醬麵歷史。

江華出遊路15路線
강화나들길15코스

➡️ 地鐵2號線「麻田站」1號出口出來後，轉搭90號巴士抵達江華終端，再搭計程車前往即可，車資約₩4,800

江華島每到春天，就會聚集許多賞櫻的旅客前往！這裡不僅景色優美，還有許多散步路線可以選擇，其中就屬15路線最有人氣。從南門一路途經國花水庫，抵達東門。總長11公里，全部走完需要4小時，建議大家只要走江華高麗宮址櫻花路這段即可。

松月洞童話村
송월동 동화마을

➡ 地鐵1號線或水仁線「仁川站」2號出口,沿馬路步行到第一個巷子右轉直行,即可見入口標示

　　仁川中國城附近的松月洞爲改善社區環境,利用花朵與你我熟識的童話故事爲主題,打造成童心未泯的童話村。色彩繽紛的壁畫上,可遇見小紅帽、小木偶、白雪公主等童話主角,雖說是壁畫,但添加了許多3D元素立體呈現,讓到訪的遊客得以更加投入在這童話王國的氛圍之中。

松島中央公園
송도 센트럴파크

➡ 地鐵仁川1號線「中央公園站」3號出口

　　位於松島國際都市,是利用海水製作水道的海水公園,水道旁有綠地與蘆葦田打造而成的寬闊散步道路,並有水上計程車往返於公園內,不僅爲市民帶來綠意,更可感受身處都市公園、卻徜徉海上的特別體驗。Tri-bowl是紀念2009年仁川世界都市節的造型物,坐落於池水之上,讓人有水面浮著巨碗的錯覺。

釜山市

BIFF廣場
BIFF 광장

➡ 地鐵1號線「札嘎其站」7號出口,直行到第二個路口即是

　　南浦洞早期因聚集許多電影院而形成電影街,隨著1996年開辦釜山國際電影節(Busan International Film Festival),將這一帶重新裝飾並命名爲「BIFF廣場」。路口設有標示著國際電影節的圓型拱門,地磚上則有BIFF的字樣,沿著拱門走進去左轉進入的那條路,可在地面發現知名演員或導演等留下的簽名與手印。這裡的小吃攤中有個人氣排隊美食,正是甜中帶鹹的荣籽糖餅,不妨品嘗看看。

影島大橋
영도대교

🕒 橋梁開合每週六14:00～14:15 ／ ➡ 地鐵1號線「南浦洞站」6號出口，往影島大橋方向直行，在橋旁的樓梯往下走，即可到觀覽地點

　　日據時期爲了便於人們往返南浦洞與影島所建的影島大橋，是釜山第一座跨海大橋。也爲了便於來往於南港與北港的船隻經過，將橋梁設計爲單臂式活動的形式，每當有中大型船隻經過時，橋的一端就會升起，讓船隻通行。橋面緩緩升起停駐於空中的奇特景觀，常吸引許多人前來，也使影島大橋成爲當地代表景點之一。

甘川文化村
감천문화마을

http www.gamcheon.or.kr ／ ➡ 地鐵1號線「土城站」6號出口右轉直走，轉乘서구2、서구2-2、사하구1-1號小區巴士到「감정초등학교.감천문화마을」站下車

　　釜山最熱門的景點，曾被CNN報導稱爲「亞洲最藝術的村落」，壁畫、塗鴉、裝置藝術等充斥在各個角落，本身就有如是件超大型藝術作品。入口處的綜合服務中心販售的地圖，標示各主題景觀的位置，循著地圖指示遊覽，才不會錯失景點，同時也可以在各個地點蓋上紀念圖章，集滿8個還可以換得印有甘川文化村風貌的明信片。

40階梯文化觀光主題街
40계단거리

➡ 地鐵1號線「中央站」11號出口，直走遇到的第一個路口右轉即是

　　韓國戰爭時爲躲避戰火而逃到釜山的難民們聚居在40階梯一帶，形成棚戶區。經過政府規畫及建設，以充滿韓國戰爭苦難時代的哀怨與鄉愁的主題街道作爲全新體驗觀光景點。在通往40階梯的路上，設置了象徵性的拱門、古早的鐵軌與平交道燈號、舊時生活樣貌的雕塑作品。造訪此地時，不妨多留心觀覽這一帶周遭的主題布置。

玩樂篇

龍頭山公園・釜山塔
용두산공원・부산타워

🕐 10:00～22:00 / ➡ 地鐵1號線「南浦洞站」7號出口，往光復路方向直行約3分鐘，搭乘位於道路右側通往龍頭山公園的電扶梯即可到

　　龍頭山位於釜山市區，是釜山三大名山之一。經歷兩次火災後，努力植樹有成才成為現今的美麗公園。有斥和碑、忠魂塔、419起義紀念塔、李忠武公銅像、市民之鐘、花鐘，以及釜山塔等景點設施。這裡是俯瞰釜山港與影島的最佳地點，尤其是在地標釜山塔上觀看到的釜山夜景，更是美麗無比。

寶水洞書店胡同
보수동 책방골목

➡ 地鐵1號線「中央站」7號出口，直走約12分鐘

　　位於國際市場斜對面，有條往寶水洞方向斜穿進去的小路，狹窄的胡同裡書店鱗次櫛比，這就是韓國現今少數知名書店街之一的寶水洞書店胡同。在這裡可以找到不同題材、不同國家的舊書籍，依據書況或議價出售。胡同裡數個往上的階梯路段，在牆面或階梯上可看到取材自《小王子》等書籍內容繪製而成的圖文壁畫。

行家祕技

俯瞰影島與釜山港的觀覽台

　　除了釜山塔之外，還有兩個可俯瞰釜山港與影島的地點，分別是札嘎其市場7樓的頂樓展望台，以及樂天百貨光復店的頂樓公園13樓的展望台，都是免費入場。

札嘎其展望台

✉ 札嘎其市場7樓 / 🕐 09:00～21:00

樂天百貨光復店展望台

http pse.is/5hyk96 / ✉ 樂天百貨釜山光復店13樓 / 🕐 10:30～20:00

柳致環郵筒
유치환우체통

▶ 地鐵1號線「釜山站」7號出口直走，第三個巷子左轉後右手邊搭乘公車22號，於부산컴퓨터과학고교下車

　　柳致環是韓國著名詩人，後人為了紀念他建造了這個地方。取自《從郵局來的》詩作的靈感，在建築物屋頂設置了柳致環的塑像與紅色的郵筒，這裡也是可眺望釜山港的展望台。建築物1樓是戶外表演場，2樓是名為「詩人的房間」的展示館與賣場，開放時間10:00～19:00，週一休息。來此不妨寫張1年後寄達的時光明信片，明信片可在賣場自由挑選，只需支付郵資即可。

民主公園·中央公園·忠魂塔
민주공원·중앙공원·충혼탑

▶ 地鐵1號線「釜山站」7號出口直走，轉乘43號巴士到「중앙공원 민주공원」站下車

　　民主公園是為紀念民主化運動的精神而建造，設有釜山民主抗爭紀念館；對面的中央公園內有高70公尺的忠魂塔，供奉著8,954位釜山地區出身，因625戰爭（韓戰）為國捐軀的軍人及警察英靈。在釜山市區抬頭就可看到聳立於中央公園的忠魂塔。民主公園與中央公園都是居民健身休閒的好去處，從忠魂塔俯瞰四周，可將整個釜山港景色盡收眼底。

二妓臺
이기대

▶ 地鐵2號線「慶星大·釜慶大站」5號出口出來往回走，遇路口右轉直行，轉乘남구2號巴士到「분포고등학교」站下車，過馬路沿著橋邊步道直行，過橋後往左邊巷子步行即可到北端的起點；或轉乘24、27、남구2號巴士到「오륙도SK뷰아파트GATE2」站下車則可到南端的起點

　　二妓臺位於萇山峰的東面，有著許多奇形怪狀的岩石峭壁構成的奇景，但中段則是傾斜平面的海岸岩盤，海岸景觀以及拍打上岸的波濤都令人

印象深刻。二妓臺公園海岸散步路（二妓臺海鷗路）從南端的五六島天空步道經五六島迎日公園到北端的東山尾，全長約4.7公里，部分沿著岩石峭壁開拓的路段走起來略有難度。南端可體驗五六島天空步道，北端則可近距離觀看廣安大橋。

五六島Skywalk
오륙도 스카이워크

🕘 09:00〜18:00，隨季節可能調整開放時間／➡ 地鐵2號線「慶星大‧釜慶大站」5號出口出來往回走，遇路口右轉直行，轉乘27、131、남구2號巴士到「오륙도스카이워크」站下車

　　位於二妓臺公園海岸散步路的最南端，高達35公尺的懸崖上，是用鐵製支柱加上高荷重防彈玻璃架設而成、全長15公尺的U型天空步道。走在步道上可近距離眺望五六島和海景，透過透明玻璃可清楚看到腳下的湛藍海水，以及海浪不斷拍打岩壁的情景，有種漫步在海面上的刺激感。

廣安大橋
광안대교

➡ 地鐵2號線「廣安站」5號出口出來往回走，遇路口右轉再步行約10分鐘；或地鐵2號線「金蓮山站」3號出口出來往回走，遇路口右轉再步行約8分鐘，可到達廣安里海水浴場

　　廣安大橋是韓國最大海上橋梁，具有藝術造型與色彩繽紛的照明設施。在釜山三大海水浴場之一的廣安里海水浴場可以盡覽廣安大橋的模樣。每年10月的「釜山煙火節」，以廣安大橋為背景，施放五光十色的華麗煙火。廣安里海邊有多間附設戶外座位的咖啡廳，無論白天或夜晚來此小坐，聽著音樂來杯咖啡或雞尾酒，眺望海水浴場及廣安大橋的景致，別有一番浪漫風情。

海雲台海水浴場
해운대해수욕장

http www.haeundae.go.kr/index.do／➡ 地鐵2號線「海雲台站」3號或5號出口，直行約10分鐘

　　釜山的代表海水浴場和夏季避暑勝地。一整年都有慶典活動，包括正月15日會舉辦望月慶典，夏天有沙灘節、海洋節，冬天有北極熊冬泳大會，10月則是國際電影節活動場地之一。海水浴場周圍還有冬柏島、五六島、水族館、迎月路等多處值得一看的景點。

電影殿堂
영화의전당

http www.dureraum.org / ➡️ 地鐵2號線「Centum City站」12號出口直行，遇路口右轉再步行約6分鐘

電影殿堂以特殊的建築造型與解體主義的建築美學，屋頂設計相當吸睛，裝置有LED照明設備，夜間會播放多重變化的璀璨影像。電影殿堂是結合電影及表演藝術的複合式影像文化空間，作為釜山國際電影節的主要會場，現已成為世界電影界的新興聖地，更是影迷追星朝聖的必訪景點。

迎月路
달맞이길

➡️ 地鐵2號線「中洞站」5號或7號出口，直行約10分鐘可看到「달맞이길」的起始標示

迎月路是指尾浦五岔路口往牛耳山山腰方向走去，兩旁是蒼鬱的櫻花樹及松林小徑。每到春天吸引許多遊客前來賞櫻，更因為「迎月」的地勢，月光灑落在數萬朵的櫻花上，也非常適合賞夜櫻。從迎月路入口步行到海月亭約需要20分鐘，海月亭一帶沿路則有許多特色咖啡廳。

海東龍宮寺
해동 용궁사

http www.yongkungsa.or.kr / ➡️ 地鐵2號線「海雲台站」7號出口前轉搭100、181號巴士到「용궁사국립수산과학원」站下車，往回走遇路口左轉，再沿標示步行約10分鐘

建於1376年，是韓國三大觀音聖地之一。進入龍宮寺，經過龍門石窟，再走過108階梯，放眼可見排列整齊的石燈群，還有寬廣的深藍海景。左邊白虎石上供奉著藥師如來石佛，再往前就是

最先迎接太陽升起的日出岩，大雄殿斜後方則有高約10公尺的海水觀音大佛石像。據傳在此寺祈願，經神靈顯夢之後均可實現一個願望，因此來龍宮寺拜佛的香客絡繹不絕。

大邱市

青蘿之丘・三一萬歲運動路
청라언덕.3.1만세운동길

➡️ 地鐵2號線「青蘿之丘站」9號出口出來直行，看到「계명대학교　동산의료원」拱門左轉上去，即可到青蘿之丘

▲ 第一教會新館

▲ 三一萬歲運動路

青蘿之丘是大邱市規畫的「胡同旅遊路線－近代路之旅」的起點，早期傳教士居住的老建築集中於此，現作爲傳教、教育、歷史博物館，展示當時使用過的各種物品。因充滿異國風情，經常被選爲拍攝場景，也是婚紗攝影的熱門地點。

其中，布萊爾住宅是東山最早的傳教士住宅，因傳教士布萊爾曾居住於此而得名。以美國當時住宅風格建造的紅磚建築，現在是教育歷史博物館，2樓設置三一運動特別館，介紹三一運動與大邱教育發展歷史。

一旁的錢尼斯住宅現在是醫療博物館，收藏1800～1900年代使用的醫療器具；第一教會後方的史威茲住宅現爲宣教博物館，以紅磚砌成的西式住宅基本樣式，搭配韓屋風格的瓦片屋頂，被

▲ 錢尼斯住宅

指定爲大邱市第24號有形文化財。

布萊爾住宅與第一教會新館之間，有一條往下走的階梯，1919年三一運動學生爲躲避日本軍警監視而穿越此路，因此被稱爲「三一萬歲運動路」。

慶尚監營公園
경상감영공원

➡️ 地鐵1號線「中央路站」4號出口出來直走2分鐘，右手邊即是

朝鮮宣祖34年曾爲慶尚監營地點，位於大邱都心位置。現留有舊時慶尚道觀察使的職務室「宣化堂」（有形文化財第一號）、使用爲處所的「澄清閣」（有形文化財第二號），以及觀察使功績的「善政碑」等，爲大邱的歷史和文化遺產。1970

年開闢成公園，設有庭園、散步道和涼椅，是深受大邱市民青睞的休憩空間。

大邱第一教會
대구 제일교회

http www.firstch.org / ➡ 地鐵1號線「中央路站」1號出口出來直行，在第四個巷口右轉，或地鐵2號線「半月堂站」18號出口出來直走到十字路口後，右轉直走三分鐘後過馬路即是

慶北地區最早的基督教教會，創建於1897年，不斷整修擴建才成為目前的模樣。第一教會是兩層紅磚建築，右邊建有簡潔的哥德式鐘塔，將傳統韓屋和西洋建築風格融為一體，是大邱眾多教會建築中歷史最悠久，被列為大邱有形文化財第30號。如今教徒們在位於東山洞、新建的第一教會禮拜，舊的第一教會則作為教育館。

桂山聖堂
계산대성당

➡ 地鐵2號線「半月堂站」18號出口直行，到十字路口右轉再直走

桂山聖堂最初為韓屋型態，遭逢祝融後重建成現今的樣貌，是大邱地區僅存的1990年代初期建築物，被指定為史蹟第290號。是慶尚道地區歷史最悠久的聖堂，代表著大邱天主教的歷史，也是慶北地區天主教的中心。建築整體是屬於羅馬式建築風格，加入尖塔和彩色玻璃等的哥德式建築要素點綴。在夜晚燈光映照相襯之下，盡顯輝煌氣派。

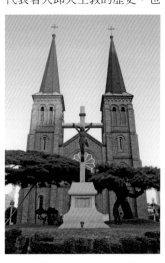

E WORLD．83塔
이월드.83타워

http www.eworld.kr / ⏰ 10:30～21:00、週五10:30～22:00、週末10:00～22:00 / ➡ 地鐵2號線「頭流站」15號出口，直行約6分鐘

帶有歐洲風情的主題公園，內有瀑布、噴泉、遊樂設施、展示、藝術空間、飯店等設施，深受男女老少喜愛。各種主題廣場讓遊客體驗多樣的新奇感受。83塔作為象徵大邱的地標，高度相當於83層樓，因而得名。鳥瞰大邱市區景觀時，一眼即可見到它高聳其中。觀景臺位於77樓，能一眼望盡大邱全景，還有氣氛不錯的餐廳與咖啡廳，是情侶的約會勝地。

金光石街
김광석다시그리기길

➡️ 地鐵2號線「慶大醫院站」3號出口，直行約7分鐘

由11組畫家們打造的金光石街，是紀念已故音樂才子金光石的主題街道。入口有著彈著吉他的金光石塑像，長達350公尺的街道，處處可見他出現在各種場景的壁畫，並寫著他創作的歌詞，金光石感性的歌聲透過廣播播流洩出來，無論是否聽過他的歌曲，來到這裡都會不由自主地感染幾許懷舊情懷。

李相和．徐相敦古宅
이상화．서상돈 고택

➡️ 地鐵2號線「半月堂站」18號出口，直行到第二個巷口右轉再直走

李相和古宅是抗日詩人李相和過世前居住的地方。透過市民發起運動而得以保存下來的古宅，經由大邱市整修，在古宅內部設置了相關展示品。一旁是徐相敦古宅，徐相敦推動以禁煙償還國債的國債報償運動，大邱市緬懷其崇高情操，復原了故居，也建立國債報償公園以茲紀念。在這兩個故居旁的桂山藝家，展示著與近代文化相關的影片與資料。

全州市、完州郡

鐘路會館
종로회관

✉️ 全羅北道全州市完山區殿洞教堂街88-5 / 📞 0507-1462-4579 / 🕐 10:50～20:30

探索自1970年開業的拌飯專賣店，這家位於全羅南道的鍾路會館是一個不可錯過的美食瑰寶。以全州拌飯聞名，這道菜以生拌牛肉和多樣配菜，搭配調料醬和香油混合而成。其中好吃的祕訣，就是採用全州當地的當季蔬菜製成，每一口都吃得到營養跟鮮甜。

嗡嗡家黃豆芽湯飯專賣店
왕이콩나물국밥전문점

✉ 全羅北道全州市完山區東門街88 / 📞 063-287-6980
/ 🕐 07:00～21:00

　　這家招牌湯店位於充滿文藝氛圍的東門三叉路
口，在這裡能品嘗到以小魚乾湯底為基礎、搭配
無農藥栽培的豆芽、入味的泡菜和微量的海鮮等
食材精心烹製而成的美味豆芽湯飯。嗡嗡家以其
獨特又香濃的湯底口感而聞名，已有數十年的美
譽，湯料純淨，味道鮮美，完全不使用多餘的調
味料。地理位置優越，靠近傳統韓屋村，而且步
行即可抵達文化藝術區。

全州韓屋村
전북 전주 한옥마을

🌐 hanok.jeonju.go.kr / ✉ 全羅北道全州市完山區麒麟
大路99 / 📞 063-282-1330 / 🕐 07:00～21:00

　　全州韓屋村是韓國的一個古老而典型的韓屋聚
落，坐落在全羅南道全州市。這些房屋通常以木
材搭建，擁有獨特的斜頂和魚鱗狀的瓦片。漫步
在石板路上，會感受到濃厚的歷史氛圍，彷彿時
光倒流回古老的朝鮮時代。這裡的韓屋不僅僅是
建築，更是文化的代表。巷弄間有許多傳承古老
的藝術和手工藝技藝，以及地道的韓國美食，別
忘一嘗。

完州我園
아원

🌐 www.awon.kr / ✉ 全羅北道完州郡所陽面松廣水滿
路516-7 / 📞 063-241-8195

　　我園（AWON）是一座美麗的古宅，可俯瞰山川
與村莊，其內房和舍廊房是由慶尚南道晉州一座
擁有250年歷史的韓屋移建而成。我園的獨特之
處在於傳統韓屋建築與現代美術館的完美融合，
借助傾斜的地形，將韓屋下方設計為美術館，沿
著階梯向上走，將看到傳統韓屋的美景。BTS也
曾在此拍攝寫真。

浦項市

浦項Space Walk
스페이스워크

✉ 慶尚北道浦項市北區環湖公園街30

　　由堅固的鋼鐵打造而成的步道，全長333公尺，共有717層階梯，以優雅的曲線和迷人的夜間照明成爲新興熱門景點。站在步道上，可俯瞰浦項市區景色。

虎尾岬迎日廣場
호미곶 해맞이광장

✉ 慶尚北道浦項市南區虎尾岬面迎日路150號街20

　　位於韓國最東端的海岸廣場，以觀賞日出而聞名。這裡的地標是一座名爲「相生之手」的手掌形雕塑，巧妙地呈現出太陽如同落在手掌上的景象，成爲拍攝日出照片的熱門地點。此外，還有各種以迎接新千年和統一夢想爲主題的雕塑，以及號角角燈塔、國立燈塔博物館等多樣的景點，值得一遊。

竹島市場
죽도시장

✉ 慶尚北道浦項市北區竹島市場13街13-1 / 休 每月第一、三個週日

　　慶尚北道東海岸最大的傳統市場，位於慶尚北道浦項市北區竹島洞，源於50年前在浦項內港沼澤地區形成的露天攤販市場。竹島市場一直是慶尚北道東海岸及江原道一帶農水產品的主要流通地，約有1,200家店，主要經營水產品、乾魚、活魚、服飾、蔬菜、水果等的批發和零售業務。在這裡可以品嘗到季節螃蟹，非常鮮甜美味。

寶鏡寺
보경사

http www.templestay.com / ✉ 慶尚北道浦項市北區松羅面寶慶路523 / 🕐 日出～日落

寶鏡寺據說是在新羅眞平王25年（603年）由指明法師所建立，其中赦光殿供奉著比丘尼形象的三尊佛。是一座具有多層樓式風格的建築，呈現前面3間、側面2間，屋頂的側面簷飾呈人字形。因其形式特殊，採用了一些當時仍甚獨特的建築技法，包括支撐屋頂的柱頭與柱子之間的獨特結構，以及天花板上不常見的燈籠裝飾，遂成爲研究古老建築的寶貴資料。

木浦市

辣醬蟹拌飯
장터본점

✉ 全羅南道木浦市榮山路40番街23 / 🕐 11:30～21:00 / 休 週日

這裡有3道絕品菜色，分別是花蟹肉、涼拌花蟹和花蟹湯。饕客絕對不能錯過花蟹湯，溫暖鹹香、帶有辣味。而花蟹肉和涼拌花蟹都是生食，多數人推薦花蟹肉，是這裡的經典之選！

木浦近代歷史館一館
목포근대역사관 1관

http mokpo.go.kr / ✉ 全羅南道木浦市榮山路29番街6 / 🕐 09:00～18:00 / 休 週一

建於1900年，原爲木浦日本領事館，是木浦歷史最悠久的西洋建築。1898年10月，日本在木浦開港，決定在此設立領事館，幾經遷移改建，2014年成立木浦近代歷史館1館，並開放給遊客參觀。這裡也是德魯納酒店拍攝場景，值得一逛。

玩樂篇

妍熙家超市
연희네슈퍼

✉ 全羅南道木浦市海岸路127號街14-2

　　韓國電影《1987黎明到來的那一天》的拍攝景點，是劇中女主角妍熙家裡開的店，許多人慕名而來。從木浦市區搭乘計程車過來相當地快，稍微可惜的就是這裡的人潮非常多，拍照需要排隊排上一陣子；後面就是著名的詩畫村，可以安排一起觀覽。

木浦笠岩
목포 갓바위

✉ 全羅南道木浦市南農路166-1

　　笠岩這片海濱岩石，形狀獨特，彷彿兩位戴上紗笠的賢者。這裡有兩個悠久的傳說，一是曾有一位悟道的高僧，在榮山江的雞島上放下紗笠與枴杖，化爲這片獨特的岩石。另一個故事是一位年輕人爲了救治病父而離鄉求學，卻仍未能盡孝，他的懊悔、祈求和愧疚，最終成就了這片岩石。這些傳說爲此地賦予了神祕而美麗的面貌。

統營市

元祖蘿蔔莖湯
시락국

✉ 慶南統營市新地路12-10 /
📞 055-646-5973 /
🕐 04:30～18:00

　　統營美食中的「元祖蘿蔔莖湯」的湯飯，以新鮮的鰻魚頭與骨打碎後，與時令的蘿蔔莖一同放入大鍋中煮成的鰻魚蘿蔔莖湯，統營方言爲「시락국」。鰻魚頭與骨被燉煮入味後，湯汁相當濃郁，是來統營必吃的特色當地美食。

欲知島
욕지도

✉ 慶尚南道統營市欲知面

　　欲知島是一個夢幻島嶼，碼頭下船後，漫步在東村的海岸大道上，沿途可以欣賞蕎麥樹海岸樹林，是一個四季宜人的觀光勝地。這裡有4～5條登山路徑，約1.5～4.5小時不等，登頂後可俯瞰潔白的大海和海浪拍打在海岸的壯麗景色。欲知島的特產有紅薯、豐富的海鮮，沿岸還有石蓴和蛤蠣養殖。

行家祕技　海女現切生魚片

　　在欲知島的乘船渡口附近，有海女們現撈的青花魚與各式海鮮，購買後會現切，可以外帶也可以坐在攤子上享用！這裡的青花魚生魚片簡直人間美味，吃一口就會上癮，濃郁的香氣讓人脣齒留香，非常美味，建議一定要來試試。

統營東皮郎壁畫村
동피랑벽화마을

　　東皮郎壁畫村位於統營，是一個充滿藝術氛圍的小村落。以其獨特的壁畫和文化風格而聞名，吸引著許多遊客前來欣賞。此外，這裡也是宋仲基主演的電視劇《善良的男人》的拍攝地點，為該地增添了更多的吸引力！

統營纜車
통영케이블카

http cablecar.ttdc.kr/main/main.php#1 / 🕙 10:00～16:30 / ➡ 統營市外巴士站前搭乘巴士141號，於케이블카 정류장 앞下車

　　位於統營彌勒山上的統營纜車，是一項極具魅力的旅遊活動。採用2線自動循環吊艙方式，全長1,975公尺，平均每秒4公尺。與親朋好友同乘一台車廂，欣賞壯麗的閑麗水道景色。此外，纜車也提供了寵物友善車廂，讓遊客可以攜帶寵物一同體驗這段美好的旅程。乘坐纜車，遊客可以俯瞰壯麗的自然風光，感受不同季節帶來的迷人景色。春夏秋冬，每個季節都有獨特的魅力。無論是家庭旅遊還是情侶約會都相當適合。

首爾的夜生活

除了在東大門一帶逛街血拼外，還有很多精采的室內活動，陪遊客度過美麗的夜晚。

亂打秀

1997年成軍，將打擊樂與默劇結合。演出者有5位，背景環境在廚房，故事架構在一場喜宴前的準備，廚師們為了喜宴料理而手忙腳亂，於是鍋碗瓢盆、菜刀、水桶、垃圾筒，甚至是蔬菜，都成了現成的打擊樂器，在演員手中敲打出和諧動感的旋律。靈感來源正是韓國傳統的四物農樂（鼓、長鼓、鑼、鈸四種民族樂器）。演出中演員們會向觀眾丟球，甚至邀請觀眾上台配合演出，近2個小時的演出，毫無冷場。

http www.nanta.co.kr:452/cn / ✉ 明洞劇場：首爾市中區明洞街26。**弘大劇場**：首爾市麻浦區楊花路16街29(西橋洞)地下2樓(ALAND的B2)。**濟州劇場**：濟州市仙石牧童路56-26(梧登洞) / ➡ 明洞劇場：地鐵2號線「乙支路入口站」5、6號出口間樓梯出來後，直走200公尺。**弘大劇場**：地鐵2號線「弘大入口站」9號出口直

走120公尺後，於百年土種蔘雞湯店路口左轉，經過Emart24便利商店後前行即可看到ALAND。**濟州劇場**：公車441、442於「濟州星光公園」下車

塗鴉秀

韓國塗鴉秀是一場廣受好評的夢幻現場繪畫表演，將舞蹈和繪畫創作融合在一起，打造出充滿獨特的體驗，演員們會一邊跳舞，一邊在觀眾不知不覺中，創作出一幅幅生動的名畫，為觀眾呈現一場獨一無二的藝術饗宴，令人嘆為觀止。

http www.thepainters.co.kr/zh / ✉ 首爾市中區貞洞路3京鄉藝術廳 1樓、首爾市中區統一路120 NH藝術廳B2 / ☎ 02-766-7866 / ⏰ 每日兩場17:00、20:00 / 💲 R席₩50,000、VIP席₩70,000 / ℹ 建議先到官網查詢並預約

首爾CHEF拌飯秀

　　首爾CHEF拌飯秀是一場充滿節奏感與肢體表演的公演，以令人動容的非語言表演，引領觀眾進入廚房的奇幻之旅！節目共分為5個精采部分，每一段都透過音樂和舞蹈，生動地演繹廚房中的各種情節，並安排與觀眾互動的橋段，充滿了溫馨且有趣的喜劇元素。適合所有年齡層，不管是誰都能在充滿活力的演出中找到共鳴！

➡ 地鐵2號線「乙支路三街站」8號出口直走

民俗表演

　　想進一步了解韓國的文化，韓國傳統的宮廷舞蹈、假面舞、四物農樂等民俗表演，是不容錯過的項目。不用到文化中心或是演藝廳等正經八百的地方，首爾市區幾家傳統韓定食餐廳（如韓國之家、青紗燈籠、山村）就有提供類似的文化饗宴套餐，在優美的韓國傳統舞蹈、音樂聲之中，享用傳統美食。亦可只選擇看表演，不用餐。

http www.koreahouse.co.kr

行家祕技 ── 到韓國試試手氣

旅客限定賭場 / 娛樂場(Casino)

　　賭場在韓國是合法的，但只允許外國人使用，一般韓國人不得進入。賭場都開在5星級飯店內。進入賭場必須檢查護照，雖不用穿著正式服裝，但要穿著整齊，可參與下注，也可一旁觀戰。

百樂達斯城娛樂場 Paradise City

http www.seoulcasino.co.kr / ➡ 地鐵2號線「江邊站」1號出口Technomart正門對面，以及5號線「廣渡口站」2號出口對面（廣津區民體育中心前）有免費接駁車（06:00～23:20，發車間隔10分鐘）

七樂娛樂場江北 千禧首兒希兒頓店

http www.7luck.com/main/default / ➡ 地鐵1號線「龍山站」3號出口步行3分鐘，或4號線「新龍山站」5號出口步行10分鐘

樂透彩(LOTTO)

　　50個號碼選6號碼，一注1,000韓元，開獎日為每週六20:45。街上的書報亭，只要有LOTTO標誌的都可以簽注，想試手氣的人不妨體驗看看。

通訊與應變篇
Communication &
Emergencies

在韓國上網、寄信、發生緊急狀況

來到韓國旅遊,如何上網訊?如何寄明信片回台灣?本篇會說明介紹。

韓國社會禮教規範嚴格,治安相當良好,扒手很少,

遇上任何問題,儘管向韓國人求援,大多數人都會熱心幫忙解決,找警察就更萬無一失了。

上網、郵寄

只要有網路，隨時都能透過即時通訊軟體(如Line、Kakao Talk)聯繫。

圖片提供／李孟芩

韓國已進入4G，在首爾街上很多地方(如咖啡廳等)都收得到免費的Wi-Fi，但若要到郊區或其他城市，可能訊號和熱點就沒這麼多。

租借Wi-Fi-分享器

中華電信等國內多家業者和韓國當地的電信業者都可租借Wi-Fi行動上網分享器和手機，適合3～5人同遊，可租一個再分享給大家上網，分攤費用。仁川、首爾金浦、釜山金海機場都有電信櫃檯可租借。分享器電力約維持6小時，最好攜帶或再租個行動電源備用。

購買SIM卡

單獨旅行或非重度網路使用者建議購買SIM卡，類似易付卡，會附上一個門號，可上網可打電話，以使用數據流量計價。以旅行7日來說，上網查地圖等資料、上傳照片、打卡，500mb就很夠用，使用期限內用不完的數據量可以回台上網轉賣，若不夠用也可加值，可上網或到各地的門市加值。

寄信、寄包裹

韓國郵局的標誌是紅色的，相當醒目易認，服務項目和台灣差不多。

http www.epost.go.kr／🕐 週一～五09:00～18:00；週末休息

郵寄台灣費用表

明信片	航空郵簡	EMS國際快捷	航空小包
₩430	₩430	**文件** 300g ₩15,000 500g ₩17,000 1kg ₩18,500 2kg ₩22,000 **包裹** 1kg ₩16,000 3kg ₩22,000 5kg ₩28,000 10kg ₩43,000 20kg ₩73,000	10g ₩570 50g ₩960 500g ₩6,070 1kg ₩11,440 2kg ₩21,080

＊資料時有異動，請以官方公布的最新公告為準

遇到緊急狀況

POLICE

서울중부경찰서
http://cb.smpa.go.kr

명동파출소
(치안센터)

向警察局或駐外辦事處求助。

遺失護照

　　先向所在地的警察局(파출소)報案，並索取報案證明，再拿證明到台灣駐韓國代表辦事處申請補發。

警察局
📞 直撥112

台灣駐韓代表辦事處
✉ 首爾市鍾路區世宗大路149號光化門大廈6樓
📞 02-6329-6000

遺失物品

　　物品遺失在地鐵站時，請依搭乘路線至下列車站詢問。

地鐵站失物招領中心

城市	站名	電話
首爾	市廳站	02-6110-1122
首爾	泰陵入口站	02-6311-6766
首爾	忠武路站	02-6110-3344
首爾	往十里站	02-6311-6765
釜山	西面站	051-640-7339
大邱	半月堂站	053-640-3333
仁川	富平三岔路站	032-451-3650
光州	金南路4街站	062-604-8554

＊以上資料時有異動，依官方最新公告為準。

遺失信用卡

　　出國前抄下信用卡公司緊急服務中心的電話，萬一信用卡遺失需立即與發卡公司的緊急服務中心聯絡，辦理掛失及緊急補發手續，國外的製卡機構會主動與持卡人聯絡，告知取卡的時間地點與方式。必須注意的是，緊急替代卡只在指定時間內有效，待返國後仍須與發卡銀行聯絡，補發新卡。

實用、緊急應變電話號碼

服務項目	電話	備註
火災、緊急救護	119	24小時專線
警察局	112	24小時專線，手機無訊號亦可撥打。有中文、英文翻譯人員
遊客申訴	1330	24小時專線，英、日、中等語言翻譯
緊急醫療中心	1339	24小時專線
外交部旅外國人急難救助服務專線	001-800-0885-0885	持有韓國當地KT、SKT及LGU行動電話可免費撥打；公用電話可免費撥打，按「緊急呼叫」按鈕或插入一枚100元硬幣(可退回)；市內電話限KT公司之市話客戶可免費撥打

生病受傷怎麼辦

旅行途中若發覺身體不適，最後暫緩行程，先休息。

小病找藥局

韓國的醫療制度和台灣一樣，都是醫藥分業，因此滿街都是大大小小的藥局(약구)，藥局的字樣很大、很容易找，但多半只接受醫師開出來的處方箋，沒有處方箋只能買到止痛藥。藥劑師都會講英文，溝通上不致於有太大障礙。建議前往旅行還是在台灣就先準備好感冒藥、胃藥等，比較方便。

設有外國人門診之醫院

世福蘭斯醫院 (세브란스병원)
- ✉ 首爾西大門區延世路50-1
- ☎ 1599-1004
- 🕐 08:30～17:30(週日公休)

三星首爾醫院 (삼성서울병원)
- ✉ 首爾江南區逸院路 81三星醫療院
- ☎ 1599-3114
- 🕐 週一～五 09:00～16:00，週六 09:00～12:00

＊資料時有異動，請以官方公布的最新資料為主

大病找醫院

韓國和台灣一樣有全民健保制度，一般藥局沒有醫師處方箋多半不會給藥。萬一真的感冒或是受傷，就一定得到醫院報到。韓國的醫院沒漢字可認，得認明「十字」標誌。醫院裡講英文是可以通的，但一般街道上看到的多半屬私人診所，分有不同科別，如內科、外科、胃腸科等，雖然都稱醫院(의원)或病院(병원)，但外國人實在不易弄懂，最好到大型的綜合醫院或是家族醫院(即家庭醫院가정의원)，會比較方便。

如果旅行前有投保海外旅行醫療險，請先向投保公司詢問海外就醫所須文件和證明，以方便回國後申請保險理賠。

A.醫院標誌 / B.家庭 / C.醫院

救命小紙條 你可將下表影印，以英文填寫，並妥善保管隨身攜帶

個人緊急聯絡卡
Personal Emergency Contact Information

姓名Name：　　　　　　　　　　　　　　國籍Nationality：

出生年分(西元)Year of Birth：　　　　　　性別Gender：　　　　　血型Blood Type：

護照號碼Passport No：

台灣地址Home Add：(英文地址，填寫退稅單時需要)

緊急聯絡人Emergency Contact (1)：　　　　聯絡電話Tel：

緊急聯絡人Emergency Contact (2)：　　　　聯絡電話Tel：

信用卡號碼：　　　　　　　　　　　　　　國內／海外掛失電話：

信用卡號碼：　　　　　　　　　　　　　　國內／海外掛失電話：

旅行支票號碼：　　　　　　　　　　　　　國內／海外掛失電話：

航空公司國內聯絡電話：　　　　　　　　　海外聯絡電話：

投宿旅館Hotel (1)：　　　　　　　　　　旅館電話Tel：

投宿旅館Hotel (2)：　　　　　　　　　　旅館電話Tel：

其他備註：

警察局報案電話 **112**

緊急救護電話 **119**

外交部旅外急難救助專線
00-800-0885-0885
00-886-800-085-095